RACONTE-MOI

P.K. SUBBAN

La collection Raconte-moi *est une idée originale*
de Louise Gaudreault et de Réjean Tremblay.

Éditrice-conseil : Louise Gaudreault
Mentor : Réjean Tremblay
Coordination éditoriale : Pascale Mongeon
Direction artistique : Roxane Vaillant et
Julien Rodrigue
Illustrations : Josée Tellier
Design graphique : Christine Hébert
Infographie : Andréa Joseph
Révision : Ginette Choinière
Correction : Anne-Marie Théorêt
et Brigitte Lépine

DISTRIBUTEUR EXCLUSIF :

Pour le Canada et les États-Unis :
MESSAGERIES ADP inc.*
2315, rue de la Province
Longueuil, Québec J4G 1G4
Téléphone : 450-640-1237
Télécopieur : 450-674-6237
Internet : www.messageries-adp.com
* filiale du Groupe Sogides inc.,
  filiale de Québecor Média inc.

Catalogage avant publication de Bibliothèque et
Archives nationales du Québec et Bibliothèque
et Archives Canada

Bernier, Jonathan, 1979 février 19-

P. K. Subban

(Raconte-moi)
Pour les jeunes.

ISBN 978-2-924025-98-7

1. Subban, P. K. (Pernell Karl), 1989-   -
Ouvrages pour la jeunesse. 2. Canadiens de
Montréal (Équipe de hockey) - Ouvrages pour
la jeunesse. 3. Nashville Predators (Équipe de
hockey) - Ouvrages pour la jeunesse. 4. Joueurs
de hockey - Canada - Biographies - Ouvrages pour
la jeunesse. I. Titre. II. Collection : Raconte-moi.

GV848.5.S92B47 2016   j796.962092
C2016-941288-1

09-16

Imprimé au Canada

Dépôt légal : 2016
Bibliothèque et Archives nationales
du Québec

ISBN 978-2-924025-98-7

Gouvernement du Québec – Programme de crédit
d'impôt pour l'édition de livres – Gestion SODEC –
www.sodec.gouv.qc.ca

L'Éditeur bénéficie du soutien de la Société de
développement des entreprises culturelles du

Conseil des Arts   Canada Council
du Canada   for the Arts

Nous remercions le Conseil des Arts du Canada de
l'aide accordée à notre programme de publication.

Financé par le gouvernement du Canada
Funded by the Government of Canada

Nous reconnaissons l'aide financière du
gouvernement du Canada par l'entremise du Fonds
du livre du Canada pour nos activités d'édition.

Jonathan Bernier

RACONTE-MOI
P.K. SUBBAN

petit homme
Une société de Québecor Média

PRÉAMBULE

Youssef ne sait plus quoi faire. Chaque jour depuis la rentrée scolaire, c'est la même histoire. Parce qu'il est différent, parce qu'il arrive d'un autre pays, personne ne veut jouer avec lui dans la cour d'école. Durant l'heure du dîner, il est souvent assis seul dans son coin.

Youssef a neuf ans. Arrivé au cours de l'été, il n'a pas eu le temps de se familiariser avec son nouveau quartier avant le début des classes. Son intégration à sa nouvelle vie se fait plutôt difficilement.

L'école a commencé depuis quelques semaines et rares sont les élèves qui sont venus lui parler. Découragé, il commence à se demander si ce n'est pas lui le problème.

Depuis le début de l'année scolaire, Éloi, le professeur d'éducation physique de l'école, observe la situation. Évidemment, il a constaté que Youssef est souvent laissé à lui-même. Cependant, il a également remarqué que le jeune garçon se débrouille très bien dans les sports. Cela lui donne une idée.

Un jour, après l'un de ses cours, Éloi fait venir Youssef à son bureau.

« Difficile de se faire accepter dans un nouveau pays, n'est-ce pas ? » lance Éloi à Youssef.

« Ouais. C'est beaucoup plus difficile que je pensais. »

« J'ai une idée qui pourrait peut-être t'aider. Pourquoi ne demandes-tu pas à tes parents de t'inscrire au hockey ? Le hockey, c'est notre sport national. Beaucoup de garçons et de filles de ta classe le pratiquent. En jouant dans la même équipe que certains d'entre eux, tu pourras tisser des liens. Ils apprendront plus facilement à te connaître.

« Tu sais pour qui cela a fonctionné ? » ajoute Éloi.

« Non, pour qui ? » répond Youssef.

« La famille de P.K. Subban. »

« P.K. Subban... J'ai entendu parler de lui il n'y a pas longtemps aux nouvelles. Ce n'est pas celui qui a donné beaucoup d'argent à un hôpital ? »

« Exactement. À l'Hôpital de Montréal pour enfants, confirme Éloi. Avant, il jouait pour le Canadien de Montréal. Jusqu'à ce qu'il soit échangé aux Predators de Nashville, c'était le meilleur défenseur de l'équipe. Il a même déjà gagné le trophée Norris, que l'on remet chaque année au meilleur défenseur de la Ligue nationale de hockey. On le voit souvent à la télé, car il s'implique dans différentes causes. Et, tout comme toi, la famille de ses parents a quitté un autre pays pour venir s'établir au Canada. »

BIENVENUE AU CANADA!

En 1970, Karl Subban a 11 ans. Ses parents décident d'émigrer de la Jamaïque au Canada. La Jamaïque est une île située dans la mer des Caraïbes, entre l'Amérique du Nord et l'Amérique du Sud. Il y fait toujours chaud et humide, donc les habitants de ce pays n'ont jamais vu de neige et encore moins de patinoire.

Les Subban connaissent bien le Canada, car l'oncle de Karl, un électricien, travaille pour une compagnie de Sudbury, une ville minière située dans le nord de l'Ontario. Puisque beaucoup d'emplois sont offerts dans cette ville, les Subban s'y installent. Curieusement, ils choisissent d'aménager à Flour Mill, le quartier francophone de la ville.

Pour aider Karl à se faire des amis, ses parents lui achètent des patins usagés, trouvés à l'Armée du

Salut. Habitant un quartier où la majorité des enfants parlent français, Karl apprend rapidement à aimer le Canadien de Montréal. Cela est inhabituel en Ontario, parce que la plupart des gens y admirent les Maple Leafs de Toronto.

Quand il joue au hockey dans la rue, Karl garde les buts.

«Quel arrêt de Ken Dryden!» crie-t-il chaque fois qu'il parvient à stopper un tir de l'un de ses camarades.

À cette époque, Ken Dryden est le gardien étoile du Canadien. Avec ses 6 pieds et 4 pouces, il est le plus grand de tous les gardiens de la LNH. Au cours de sa carrière de huit saisons, de 1970-1971 à 1978-1979, Dryden a aidé le Canadien à remporter la coupe Stanley à six reprises. Son numéro 29 fait partie des 15 numéros retirés par l'équipe. Cela signifie qu'aucun autre joueur ne peut le porter.

Karl Subban n'a jamais atteint la LNH. En fait, comme sa famille n'en avait pas les moyens, il n'a jamais joué au hockey dans une ligue organisée. Résigné, mais déçu, il a toujours affirmé que, si un jour il avait des fils, il ferait tout pour leur donner ce que ses parents n'ont malheureusement pas pu lui offrir.

***

En même temps que la famille de Karl immigre au Canada, celle de Maria Subban fait de même. Tout comme Karl, Maria a grandi dans les Caraïbes. Elle est originaire de Montserrat, une île antillaise reconnue pour les éruptions dévastatrices du volcan La Soufrière. La famille de Maria choisit de s'installer à Hamilton, une ville ouvrière située dans le sud de l'Ontario. C'est là que la jeune fille, alors âgée de 11 ans, poursuivra ses études.

Une dizaine d'années plus tard, en 1981, Maria est devenue analyste contrôleuse pour une institution financière. À Toronto, lors d'une fête célébrant le Nouvel An, elle rencontre Karl Subban. Celui-ci est enseignant dans une école primaire. C'est le coup de foudre. Le courant passe tellement bien entre les deux amoureux qu'ils ne mettent pas de temps à se marier. Peu après, le couple s'installe à Rexdale. C'est dans ce quartier situé au nord-ouest de la ville de Toronto que les Subban choisissent de fonder leur famille.

2

PERNELL KARL SUBBAN

Karl et son épouse, Maria, sont bien embêtés en cette journée du 13 mai 1989. Déjà parents de deux filles, Nastassia et Natacha, le couple voit naître un premier garçon. Bien sûr, Karl et Maria sont heureux. Le problème, c'est qu'ils n'ont pas encore trouvé de prénom pour leur nouveau-né.

« Que dirais-tu de Pernell? », demande Maria en feuilletant une revue consacrée au cinéma.

« Tu sais, comme Pernell Roberts, celui qui tient le rôle d'Adam Cartwright dans Bonanza? » précise-t-elle.

Bonanza était une série télévisée très populaire aux États-Unis dans les années 1960. L'action se déroulait dans le Far West.

« Ça me plaît bien. On pourrait ajouter Karl. Ça ferait Pernell Karl », suggère son mari.

« Ça me va, acquiesce Maria. Pernell Karl Subban, ça sonne vraiment bien. »

Dans les années qui suivent, Maria Subban donne naissance à deux autres garçons. Malcolm, en 1993, et Jordan, en 1995.

Amoureux du hockey, Karl n'hésite pas à transmettre sa passion à ses trois fils. D'ailleurs, celui que tout le monde surnomme P.K. n'a que deux ans lorsqu'il saute sur la glace pour la première fois, chaussant les patins de l'une de ses sœurs qui fait du patinage artistique. Voyant qu'il se débrouille bien, son père n'hésite pas à lui acheter sa propre paire de patins.

D'abord partisan des Maple Leafs de Toronto, P.K. ne tarde pas à devenir mordu du Canadien. Difficile de faire autrement lorsque la maison est tapissée d'objets à l'effigie du Bleu-Blanc-Rouge. D'autant plus que le Canadien, mené entre autres par Vincent Damphousse, le joueur favori de P.K., soulève la coupe Stanley pour la 24e fois de son histoire en juin 1993.

Chaque soir, en allant au lit, P.K. jette un œil à l'immense drapeau du Canadien accroché au mur de sa chambre.

D'ailleurs, le père et le fils ne ratent jamais un match de leur équipe favorite à la télévision. Un soir, alors que les deux prennent place sur le divan du salon, P.K. regarde son père et lui dit :

« Papa ! Un jour, je vais devenir comme eux. Je serai comme l'un de ces joueurs à la télé. »

Ce désir de devenir un joueur de hockey rend P.K. bien différent de ses amis et des jeunes de son entourage. À Rexdale, là où il grandit, le hockey n'est pas un sport très populaire. Même chose dans le quartier Jane and Finch, de North York, dont il fréquente l'école.

Dans ces communautés, majoritairement peuplées de personnes de race noire, tous les jeunes préfèrent s'adonner au basketball.

« Quoi ? Tu joues au hockey ? » lui demandent souvent plusieurs de ses camarades de classe lorsqu'ils apprennent que la passion de P.K. n'est pas la même que la leur.

Cela dit, P.K. ne déteste pas le basketball. Comme plusieurs enfants de sa communauté, il est un grand partisan de Michael Jordan, la vedette des Bulls de Chicago. Au cours des années 1990, cette super étoile de l'Association nationale de basketball aidera son équipe à remporter six fois le trophée Larry-O'Brien remis à l'équipe championne des séries éliminatoires de cette ligue.

D'ailleurs, au cours de sa carrière avec le Canadien de Montréal, P.K. citera cette idole de jeunesse pour contredire ceux qui l'accusent de prendre trop de risques inutiles avec la rondelle.

« Michael Jordan a déjà dit qu'il pouvait accepter la défaite, mais qu'il n'accepterait jamais le fait de ne pas essayer. Il a également dit que, pour tous les grands jeux qui ont fait de lui une légende, il en a probablement raté des milliers. »

Les liens entre P.K. et le basketball ne s'arrêtent pas à Michael Jordan. Son père et ses sœurs ont tous les trois pratiqué ce sport jusqu'au niveau universitaire. Karl Subban a joué pour les Thunderwolves de Lakehead avant de devenir leur entraîneur. Quant à Nastassia, son jeu était si dominant lorsqu'elle défendait les couleurs de l'Université York qu'elle a détenu pendant quelques années le record de points de l'Association universitaire de l'Ontario.

Maria Subban a également connu certains succès sportifs. Au niveau secondaire, elle a aidé son équipe à remporter le titre provincial au 4 × 100 mètres.

Le sport étant une affaire de famille, il n'est pas surprenant que P.K. soit doté de grandes qualités athlétiques. Elles sont ancrées dans la génétique des Subban.

***

Quelques semaines plus tard, Éloi et Youssef se croisent devant le gymnase.

« *Bonjour, Youssef. Comment vas-tu ?* » demande Éloi.

« *Pas trop mal* », répond Youssef.

« *As-tu suivi mes conseils ? As-tu commencé à jouer au hockey ?* »

« *Oui, oui.* »

« *Et puis ? Tu te débrouilles bien ?* »

« *Pas si mal. J'aime bien ce sport. J'adore le regarder à la télé. Je trouve que P.K. Subban est un* joueur spectaculaire. Il transporte la rondelle d'un bout à l'autre de la patinoire et il déjoue facilement ses adversaires. Mais je ne suis pas certain d'avoir suffisamment de talent pour jouer. Je ne suis pas très doué. J'ai un peu de difficulté à patiner. »

« Ah oui ? Et tu crois que P.K. est devenu le meilleur défenseur du jour au lendemain ? Comme toi et tous les autres, il a commencé par apprendre à se tenir debout sur des patins. Ne te décourage pas. Continue de travailler fort. Je suis persuadé qu'avant longtemps tu seras un aussi bon patineur que tous les autres. »

3

SUR LA GLACE TOUS LES SOIRS

P.K. est âgé de six ans lorsque son père prend la résolution d'aller patiner avec lui tous les soirs. À l'époque, Karl occupe deux emplois. Il est directeur d'une école primaire le jour et directeur adjoint d'un programme d'éducation aux adultes, le soir. Souvent, il arrive à la maison à 22 h. Même s'il est tard, il réveille P.K. pour l'amener à la patinoire du square Nathan Phillips, en plein cœur de Toronto. Chaque hiver, c'est le premier endroit où la patinoire extérieure est prête. Papa et fiston parcourent quotidiennement les 25 minutes de voiture qui les séparent de ce parc.

Puisqu'à ce moment-là P.K. fréquente l'école seulement en après-midi, son père et lui patinent souvent jusqu'à 1 h ou 2 h, la nuit. Pour qu'il soit prêt rapidement, sa mère le met parfois au lit avec son manteau d'hiver et sa salopette !

«Pendant que les autres dorment, toi, tu prends de l'avance sur eux en t'entraînant», explique Karl à son fils.

Évidemment, P.K. n'a pas toujours le goût d'aller sur la patinoire. Comme n'importe quel enfant, il ne comprend pas pourquoi son père insiste autant. Plus tard, il réalisera à quel point celui-ci avait raison. Il comprendra également que son père ne lui imposait pas cette cadence dans le simple but qu'il atteigne la LNH. Ce qu'il souhaitait lui apprendre, c'est qu'il faut faire des sacrifices pour obtenir ce que l'on désire.

— Si tu veux connaître du succès dans ce que tu entreprends, tu dois travailler dur et faire preuve de dévouement.

— Oui, mais papa, ça ne me tente pas aujourd'hui.

— Crois-tu que ça me tente d'aller travailler tous les jours? Il y a des matins où je me lève et où je préférerais demeurer à la maison. Mais je n'ai pas le choix. Même si ça ne me tente pas, je dois y aller.

P.K. s'exécute donc sur la surface illuminée, à l'ombre des grandes tours de bureaux et de celle de l'horloge du vieil hôtel de ville de la capitale ontarienne.

La glace n'est pas le seul endroit où P.K. aime pratiquer son sport favori. Il le fait également dans le salon de la maison familiale. Courant d'un bout à l'autre de la pièce, P.K. s'imagine marquer un but chaque fois qu'il envoie sa petite balle entre les pattes du piano qui s'y trouve.

Bientôt, Malcolm et Jordan, ses frères cadets, feront de même. À ce moment-là, il y a déjà longtemps que Karl a convenu de construire, chaque hiver, une patinoire derrière la maison. Cela permet à toute la famille de gagner un temps précieux. Chaque matin d'hiver, il se lève à 4 h pour arroser et entretenir la patinoire.

Inutile de dire qu'il y a beaucoup de vie chez les Subban. Les murs de leur petite maison de briques rouges seront bien vite décorés de photos, de médailles, de chandails et de trophées de hockey

remportés par les trois frères. C'est comme un petit temple de la renommée pour la famille Subban.

D'ailleurs, pour ses deux jeunes frères, P.K. sera un modèle qu'ils tenteront de suivre et d'imiter jusqu'à l'âge adulte.

4

UN QUARTIER DUR

Bien qu'il soit un jeune énergique et rempli de vigueur, P.K. ne s'en tire pas trop mal sur les bancs d'école. Sa passion première a beau être le hockey, sa soif d'apprendre est difficile à étancher. Il faut dire qu'avec un père directeur d'école et deux sœurs qui deviendront plus tard enseignantes, le jeune garçon a intérêt à ramener de bonnes notes à la maison.

D'ailleurs, la consigne est bien claire :

« Si tes notes ne sont pas à la hauteur, tu n'iras pas jouer au hockey », lui rappellent souvent ses parents.

Mais la vie dans le quartier Jane and Finch n'est pas toujours rose. L'attachement des élèves de ce secteur pour le basketball n'est pas leur seule caractéristique. C'est un quartier dur où les gangs de rue font leur loi. Aussi, la pauvreté y est très présente.

Comme tous les enfants de son âge, P.K. interpelle sa mère chaque fois qu'il rentre de l'école.

— Qu'est-ce qu'on mange ce soir?

— Commence par me dire bonjour.

— Bonjour, maman. Alors, qu'est-ce qu'on mange ce soir? J'ai vraiment faim.

— Dis donc! On dirait que tu n'as pas dîné ce midi!

— Je n'ai pas dîné non plus.

— Pour quelle raison? Je t'avais pourtant fait un lunch.

— J'le sais, maman. Mais je l'ai donné à un ami. Il n'avait rien à manger.

Déjà à cet âge, P.K. a un grand cœur. Chaque fois qu'il lui raconte ce genre d'histoire, Maria n'en revient pas que son fils se sacrifie pour les autres. Pourtant, Maria Subban s'y connaît en sacrifices et en don de soi. Depuis que ses enfants sont tout jeunes, elle leur raconte combien les habitants de Montserrat, son île d'origine, ont toujours pris soin les uns des autres et porté une attention particulière aux aînés et aux gens dans le besoin.

« Vous savez, ce n'est pas tout le monde qui a la chance que vous avez. Alors, si l'occasion se présente d'aider quelqu'un, saisissez-la », leur répète-t-elle souvent.

Pourtant, les Subban ne roulent pas nécessairement sur l'or. Avec deux filles qui étudient à l'université et trois garçons qui jouent au hockey, il leur est parfois difficile de joindre les deux bouts. C'est pour cette raison que Karl occupe deux emplois. Inutile de préciser que partir en vacances est un luxe que les Subban n'ont jamais pu se payer.

5

UNE PROPOSITION DÉTERMINANTE

Sur la glace, P.K. ne met pas de temps à démontrer ses talents offensifs. Il est rapide, il manie bien la rondelle, et sa vision du jeu est exceptionnelle pour un garçon de neuf ans. Plus grand et plus déterminé que ses adversaires, P.K. fait pratiquement ce qu'il veut sur la patinoire, dans les rangs novices, avec son équipe de Toronto.

Un jour, au Super tournoi international novice tenu au West Edmonton Mall, P.K., qui est alors attaquant, s'empare de la rondelle, déjoue plusieurs adversaires et décoche un tir sous l'un des bras du gardien adverse. Pendant que la rondelle pénètre dans le filet, P.K. termine sa course dans la bande non sans être satisfait d'avoir marqué le but gagnant.

« C'est le meilleur match de ma carrière, assure-t-il après la rencontre. Le meilleur, parce que j'ai marqué le but gagnant dans un match vraiment important. J'ai marqué alors que l'équipe en avait réellement besoin. »

Pour P.K., ce match demeurera son plus important pendant plusieurs saisons, même une fois à l'âge adulte.

À force de voir son fils battre de vitesse aussi facilement ses adversaires et même ses propres coéquipiers, Karl imagine une stratégie qui, croit-il, permettra à P.K. de se démarquer encore plus des autres joueurs de hockey de son âge.

— Tu devrais jouer au poste de défenseur, P.K.

— Pourquoi, papa?

— Parce que les bons défenseurs sont rares. Beaucoup de joueurs qui jouent au centre et aux ailes sont capables de marquer des buts. Mais il n'y a pas beaucoup de défenseurs qui peuvent être bons défensivement tout en étant capables de déjouer les gardiens adverses. Tu as de belles qualités pour devenir un défenseur. Tu devrais essayer.

Karl fera plus tard le même discours à ses deux autres fils. Malcolm et Jordan joueront également au poste de défenseur jusqu'à ce que Malcolm, après deux ans de négociation avec son père, parvienne à le convaincre de lui laisser essayer, à l'âge de 12 ans, la position de gardien de but.

Une décision payante, puisque Malcom sera réclamé par les Bruins de Boston au tout premier tour du repêchage de la LNH, en 2012. Cette année-là, un seul autre gardien sera sélectionné avant lui : Andreï Vasilevskiy, par le Lightning de Tampa Bay.

Quant à Jordan, il deviendra le choix de quatrième ronde des Canucks de Vancouver, à la séance de sélection de l'année suivante.

***

L'année scolaire et la saison de hockey avancent pour Youssef. Que ce soit dans la cour d'école ou sur la patinoire, il prend de l'assurance et s'intègre de mieux en mieux à sa terre d'accueil.

Aux récréations et pendant l'heure du dîner, il n'est plus le dernier choisi lorsque vient le temps de former des équipes de soccer ou de ballon-chasseur. Après l'école, il est même invité à la patinoire extérieure et chez des amis où se disputent régulièrement des tournois de mini hockey.

6

DÉFI LANCÉ, DÉFI RELEVÉ

Même s'il survole la glace et domine tous les garçons de son âge, P.K. est encore loin de croire en ses capacités d'atteindre un jour la LNH. Bien sûr, comme tous les jeunes hockeyeurs, il en rêve. Mais pour lui, ce rêve paraît encore inatteignable.

Cette perception commence à changer le 6 mai 2005, lorsque les Bulls de Belleville, une équipe de la Ligue de hockey junior de l'Ontario, le choisissent lors de la sixième ronde. Puisque 130 autres jeunes joueurs ont été sélectionnés avant lui, les chances que P.K. perce la formation sont très minces. D'ailleurs, l'adolescent est loin d'apparaître dans les plans de George Burnett, l'entraîneur des Bulls, lors de leur première rencontre.

« Je peux vous assurer que je ferai tout ce qu'il faut et tous les sacrifices nécessaires pour me tailler une place au sein de votre équipe », lance tout de même P.K. à l'entraîneur.

Ce dernier, qui a déjà entendu ce genre de promesse une bonne centaine de fois au cours de sa longue carrière, écoute, sans trop y croire, les paroles de l'adolescent.

Pendant les semaines suivantes, P.K. passe de la parole aux actes et parvient à percer la formation des Bulls. Âgé de 16 ans, il sait alors qu'il devra quitter la maison pour la première fois de sa vie.

Heureusement, il habite chez une dame du nom d'Amy McMillan, une employée de la municipalité de Belleville, qui veille à ce que P.K. ne manque de rien : que ce soit sur le plan du transport, des repas et même des devoirs. Elle agira de la même façon avec Malcolm et Jordan qui, eux aussi, joueront pour les Bulls au cours de leur ascension vers le hockey professionnel.

Dans cette petite ville de 50 000 habitants, peu habitués à côtoyer des membres des communautés ethniques, la présence de P.K. et de ses frères dérange quelque peu. Le défenseur est parfois la cible de commentaires désagréables.

Un jour, madame McMillan raccroche la ligne au nez d'un journaliste qui lui demande si elle n'a pas déjà craint d'héberger des garçons noirs durant toutes ces années.

Si P.K. ne manque de rien en dehors de la patinoire, ce n'est pas tout à fait le cas lorsqu'il revêt l'uniforme des Bulls. Étant le plus jeune défenseur de son équipe, son temps de jeu est limité. Parfois, l'entraîneur l'envoie même sur la passerelle.

Bien qu'il aime le jeune homme, George Burnett trouve que ce dernier néglige parfois son jeu défensif. Il aimerait bien que P.K. trouve un meilleur équilibre entre ses responsabilités défensives et ses envies de se porter en attaque.

Même les dépisteurs de la LNH, qui se déplacent plusieurs fois par saison dans les arénas de la Ligue de hockey junior de l'Ontario pour repérer les meilleurs espoirs, ont des doutes sur sa fiabilité. Ces doutes persisteront jusqu'au milieu de la saison suivante, soit jusqu'à ce que Matt Pelech, le meilleur arrière défensif des Bulls, subisse une blessure qui lui fera rater une dizaine de rencontres.

Pour George Burnett, voilà l'occasion idéale de voir ce que P.K. a dans le ventre. Avec son as défenseur sur la touche, il donne de nouvelles responsabilités à P.K.

« À compter de maintenant, tu feras partie de la première paire de défenseurs. Ta nouvelle responsabilité est de surveiller le meilleur trio de l'autre équipe », lui explique son entraîneur.

P.K. répond si bien à l'appel que, même si Pelech revient à temps pour les séries éliminatoires, la tâche de couvrir le meilleur trio adverse demeure la sienne. Son brillant travail permet aux Bulls d'éliminer les 67 d'Ottawa, les Generals d'Oshawa et les Wolves de Sudbury.

Malheureusement, les Bulls s'inclinent en six matchs en grande finale de la Ligue de hockey junior de l'Ontario devant les Whalers de Plymouth.

Attristé par la défaite, P.K. peut au moins se consoler. Il a démontré à tout le monde qu'il pouvait protéger son territoire tout en étant efficace en attaque. La preuve en est qu'il a récolté 13 points, dont 5 buts, en 15 matchs éliminatoires, en plus d'afficher un différentiel de +11.

« Ça ne me surprend pas de P.K. Il a toujours su répondre au défi », répond Burnett, au terme de ces séries, à des journalistes portant à son attention les ajustements effectués par P.K.

Les journalistes, les amateurs, les entraîneurs et les coéquipiers de P.K. ne sont pas les seuls à avoir remarqué cette nette progression. Dans les coulisses de la LNH, l'opinion qu'on a de son jeu n'est plus du tout la même.

Du 130e rang qu'il occupait sur la liste des meilleurs espoirs à la mi-saison, P.K. est passé au 102e.

Cela est de bon augure pour le repêchage prévu les 22 et 23 juin 2007, à Columbus.

Au matin du 23 juin, la famille Subban prend place dans les gradins du Nationwide Arena. Même grand-maman Subban a fait le voyage. Tout le monde saute de joie lorsque Trevor Timmins, le directeur du recrutement du Canadien, prononce au micro : « Le Canadien de Montréal est fier de sélectionner, des Bulls de Belleville, P.K. Subban. »

Amateur du Canadien depuis sa tendre enfance, Karl Subban n'en revient pas. Il laisse même échapper quelques larmes. Ce choix est d'autant plus surprenant que le nom de P.K. est appelé en deuxième ronde, au 43e rang. Il s'agit d'un bond de 59 rangs par rapport à la liste finale dressée par les dépisteurs de la LNH.

« Il s'est amélioré de façon incroyable au cours de la dernière saison. On a pu lui reprocher de ne pas toujours tenir sa position par le passé, mais ce n'était plus le cas en fin de saison. Il a connu d'excellentes séries éliminatoires dans la Ligue de

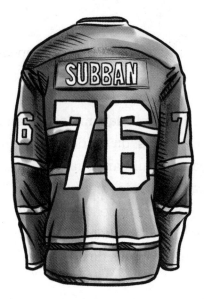

hockey junior de l'Ontario. Il sera probablement le patineur le plus rapide au camp d'entraînement », déclare Timmins pour expliquer la raison pour laquelle le Canadien a choisi Subban aussi tôt.

Quant au jeune Ontarien, il ne tarde pas à démontrer toute l'exubérance qui l'habite.

« Vous avez fait le bon choix », lance-t-il aux décideurs du Canadien regroupés autour de la table de l'équipe au moment des présentations.

Les journalistes affectés à la couverture de l'équipe comprennent dès lors qu'ils ont affaire à un jeune homme qui a une grande confiance en ses moyens. D'ailleurs, dans les instants suivant sa sélection, il déclare :

« Mon but est de me tailler un poste avec le Canadien au prochain camp d'entraînement et de vous aider à remporter la coupe Stanley le plus vite possible ! Ma confiance est mon plus grand atout. Je connais mes capacités. J'ai été repêché en sixième ronde dans les rangs juniors, mais j'ai fait ma place avec l'équipe à 16 ans. »

7

DEUX MÉDAILLES D'OR

Les performances de P.K. lors des séries élimina-toires de 2007 ne font pas seulement écarquiller les yeux des dépisteurs du Canadien et de la LNH. Les gens d'Équipe Canada junior sont également surpris.

Comme chaque année, le Canada compte réunir les 22 meilleurs joueurs de moins de 20 ans du pays pour prendre part, durant la période des Fêtes, au Championnat mondial de hockey junior. Pour l'édition de 2008, le tournoi se tient à Pardu-bice et à Liberec, deux villes situées en Répu-blique tchèque.

Trente-sept joueurs sont invités au camp d'en-traînement de l'équipe, dont 12 défenseurs. P.K. Subban se trouve parmi eux.

Puisque des arrières plus vieux et plus expérimentés sont présents à ce camp, les chances que P.K. soit retenu dans l'équipe sont minces. Le jeune homme alors âgé de 18 ans parvient tout de même à atteindre l'étape des dernières coupures.

Au petit matin du 13 décembre, la sonnerie du téléphone retentit dans la chambre d'hôtel de Calgary où il loge pour la durée du camp de l'équipe canadienne. Au bout du fil se trouve Craig Hartsburg, l'entraîneur d'Équipe Canada.

« Tu nous as suffisamment convaincus et impressionnés. Félicitations, tu fais partie de l'équipe ! »

Incapable de contenir sa joie, P.K. se met à sauter sur son lit en criant !

« Il n'y a qu'une médaille que je souhaite gagner et c'est celle en or », parvient-il tout de même à dire à son entraîneur.

Pour cette première expérience, P.K. occupe le rôle de septième défenseur. Ce qui signifie qu'il ne voit pas beaucoup d'action. D'ailleurs, il ne récolte aucun point. Néanmoins, il remplit son objectif de remporter la médaille d'or. Grâce à une victoire de 3 à 2, acquise en prolongation aux dépens de la Suède, le Canada monte sur la plus haute marche du podium pour la quatrième année de suite.

L'hiver suivant, le Canada est bien déterminé à défendre une fois de plus son titre. Remporter une cinquième médaille d'or permettrait aux représentants de l'unifolié d'égaler le record de la compétition, établi par le Canada lui-même de 1993 à 1997. Les aspirations du Canada sont d'autant plus fortes que le tournoi se déroule à Ottawa, la capitale du pays.

Pour augmenter ses chances de rafler les grands honneurs une fois de plus, le Canada fait appel à quatre vétérans de l'édition précédente, dont P.K. Subban.

Cette fois, le futur défenseur du Canadien obtient un mandat beaucoup plus important. L'entraîneur Pat Quinn lui confie même le rôle d'adjoint au capitaine, Thomas Hickey.

Il participe activement à toutes les rencontres. Dans une victoire de 7 à 4 contre les États-Unis, lors de la traditionnelle confrontation du 31 décembre, il s'éclate avec une récolte de trois passes. Ce match étant retransmis d'un océan à l'autre, ceux qui ne connaissaient pas encore P.K. Subban peuvent dès lors témoigner de l'étendue de son talent.

« Toute ma famille et tous mes amis regardaient la partie. Il n'y a pas beaucoup de matchs de cette envergure dans une saison. Je voulais vivre le moment présent. J'étais dans ma bulle », déclare-t-il aux médias au terme de la rencontre.

Quelques jours plus tard, l'émotion atteint un niveau encore plus élevé, alors que le Canada renverse la Suède par la marque de 5 à 1, pour remporter l'or devant une foule record de 20 380 spectateurs entassés à l'intérieur de la Place Banque Scotia, à Ottawa.

Encore une fois, P.K. participe au pointage en comptant le premier but, alors qu'il n'y a que

38 secondes d'écoulées à la première période. Il conclut le tournoi avec une récolte de trois buts et six passes en six rencontres, ce qui le place au quatrième rang des pointeurs canadiens, le premier chez les défenseurs de sa formation. Une performance qui lui vaut même d'être nommé dans l'équipe d'étoiles du tournoi.

Sans aucun doute, P.K. a livré la marchandise. Et à Montréal, on jubile en imaginant ce qu'il pourra accomplir dans la LNH si son développement se poursuit.

8

LE COUP DE FOUDRE

P.K. ne déçoit pas à sa première saison chez les professionnels, avec les Bulldogs d'Hamilton, le club-école du Canadien. Même s'il n'est âgé que de 20 ans et qu'il est le plus jeune défenseur de sa formation, il établit des records d'équipe pour un arrière avec 18 buts et 53 points. Ses 11 buts en supériorité numérique représentent également un record des Bulldogs.

Invité au match des étoiles de la Ligue américaine, P.K. s'illustre en marquant le but décisif en tirs de barrage.

Ses habiletés offensives sont tellement grandes que Guy Boucher, son entraîneur chez les Bulldogs, doit souvent lui rappeler de modérer ses ardeurs.

« Je sais que tu es capable de traverser la patinoire avec la rondelle sur ton bâton chaque fois que tu en as envie. Mais tu dois attendre le moment où l'équipe a besoin que tu le fasses. Tu dois savoir quand sortir l'extraordinaire et quand garder les choses simples », essaie de lui faire comprendre Boucher. « Ce n'est pas simplement par crainte que tu causes des revirements. Tu ne dois pas oublier qu'il y a un plan de match à suivre », ajoute-t-il.

Son brio incite Pierre Gauthier, le tout nouveau directeur général du Canadien, à le rappeler au cours du mois de février pour une période de deux matchs.

P.K. ne tarde pas à démontrer son savoir-faire. Le 12 février 2010, au Wachovia Center de Philadelphie, il inscrit son premier point dans la LNH dès son premier match, en obtenant une passe sur un but de Glen Metropolit, lors d'une défaite de 3 à 2 contre les Flyers.

Le lendemain, au Centre Bell contre ces mêmes Flyers, P.K. est de nouveau appelé en renfort. C'est au moment de pénétrer dans le vestiaire qu'il réalise pour la première fois qu'il fait réellement partie de la grande famille du Canadien.

Bien sûr, aucune des grandes légendes de l'époque glorieuse du Canadien ne s'est déjà assise dans ce vestiaire, construit en même temps que l'édifice en 1996. Ce qui ne l'empêche pas de ressentir une sorte de vertige en voyant le nom de tous les joueurs ayant porté l'uniforme de cette équipe depuis sa création en 1909.

De plus, les photos individuelles des 45 joueurs ayant été admis au Temple de la Renommée, dont 18 ont vu leur chandail être retiré par le Canadien, ont de quoi impressionner. Tout comme la célèbre citation *Nos bras meurtris vous tendent le flambeau/À vous toujours de le porter bien haut*, tirée du poème *Au champ d'honneur*, qui orne les murs du vestiaire et sert d'inspiration aux joueurs du Tricolore depuis 1952.

« Wow ! Est-ce que je mérite vraiment d'être ici, de me retrouver dans ce vestiaire et de porter le même chandail que tous ces grands de l'histoire ? »

pense P.K. qui ne peut s'empêcher de s'émerveiller en regardant partout autour de lui. «Et si je pouvais, un jour, faire partie de ce groupe?»

À ce premier match dans son nouveau domicile, P.K. comprend vite qu'il deviendra l'un des chouchous des partisans. Chaque fois qu'il saute sur la patinoire et qu'il touche la rondelle, les 21 273 spectateurs poussent des cris de joie. À certains moments, ils scandent même son nom à l'unisson.

Parmi la foule, le légendaire Jean Béliveau, gagnant de 10 coupes Stanley avec le Canadien, et son épouse, Élise, prennent place à leur siège habituel, dans la troisième rangée, derrière le banc du Canadien. Le couple, qui a vu des centaines de joueurs défiler sous ses yeux lors des six décennies précédentes, parvient tout de même à s'émerveiller devant le style du jeune homme.

«Bon Dieu, Jean! Regarde de quelle façon ce jeune joue au hockey», lance madame Béliveau à son mari, alors que P.K. «drible» avec la rondelle à travers quelques adversaires.

« Prête attention à ce garçon. Tu verras, il deviendra un excellent joueur de hockey », lui répond-il sans hésitation.

Troisième joueur le plus utilisé par l'entraîneur Jacques Martin lors de cette rencontre, P.K. ajoute une autre passe à sa fiche. Cette fois, en se faisant complice de Scott Gomez, lors d'un but inscrit en supériorité numérique.

C'est ce qui s'appelle faire une bonne première impression.

Retourné à son équipe lors de la pause olympique, P.K. aide les Bulldogs à terminer au sommet de l'Association de l'Ouest de la Ligue américaine de hockey avec une récolte de 115 points. Grâce à ses 53 points, il finit la saison au troisième rang des pointeurs chez les défenseurs de ce circuit.

P.K. poursuit son bon travail en séries éliminatoires. Au premier tour, il aide les Bulldogs à éliminer le Moose du Manitoba en six rencontres grâce à une récolte de trois buts et de six passes.

Deux de ces filets sont des buts gagnants, dont celui du quatrième match marqué en deuxième période de prolongation.

Au terme du sixième match, P.K. est convoqué dans le bureau des entraîneurs. Lorsqu'on lui tend le téléphone, il entend Julien Brisebois, le directeur général des Bulldogs au bout du fil.

« P.K., le Canadien a besoin de toi. Jaroslav Spacek est malade. Tu t'en vas à Montréal. On va essayer de te trouver un vol en fin de soirée. »

Ce n'est finalement que le lendemain matin que P.K. débarque à Montréal, avec seulement un complet et une paire de jeans dans sa valise. Il arrive juste à temps pour le sixième match de la série de premier tour entre le Canadien et les Capitals de Washington. À ce moment-là, le Tricolore, qui s'est qualifié de justesse pour les séries éliminatoires, tire de l'arrière par trois victoires à deux dans cette série qui l'oppose aux champions de la saison régulière.

Dès lors, Subban participe à tous les matchs. Ce printemps-là, le Canadien surprend tout le monde en éliminant Washington et les Penguins de Pittsburgh, vainqueurs de la coupe Stanley l'année précédente. Les deux séries se terminent en sept parties. Épuisé, le Canadien est éliminé en demi-finale par les Flyers de Philadelphie.

Dans le premier match de la série devant les Penguins, une blessure au genou droit d'Andreï Markov, le meilleur défenseur de l'équipe, avait forcé Jacques Martin à donner encore plus de responsabilités à Subban. En 14 matchs de séries éliminatoires, P.K. marque 1 but et ajoute 7 passes pour un total de 8 points.

C'est le coup de foudre entre le Torontois et les partisans du Canadien qui entendent parler de lui depuis quelques années.

Il faut dire que le style de P.K. est électrisant. On le voit souvent transporter la rondelle en tenant son bâton d'une seule main et en repoussant l'adversaire de l'autre. Parfois, lorsqu'il contourne l'un

d'entre eux ou qu'il pivote simplement autour de son filet, il est tellement penché vers l'intérieur que sa main libre touche pratiquement la glace.

***

Youssef n'a pas l'air dans son assiette en ce lundi midi. Éloi, qui connaît maintenant bien le garçon, le remarque dès qu'il met le pied dans la cafétéria. Il va à sa rencontre.

— *Et puis, Youssef? Comment s'est passé ton match ce week-end? demande Éloi.*

— *Mal. Un match à oublier.*

— *Comment ça? Que s'est-il passé?*

— *On a perdu 4 à 3 par ma faute. J'ai fait deux erreurs qui ont aidé nos adversaires à compter des buts. Si ce n'avait pas été de mes deux erreurs, on aurait gagné.*

— Ce n'est rien de bien grave. Ça arrive à tout le monde de faire des erreurs. Même P.K. n'était pas parfait au début.

— Ah non?

— À sa première véritable saison avec le Canadien, P.K. a souvent réchauffé le banc. Il a même été rayé de la formation.

9

EN MODE APPRENTISSAGE

À 21 ans, P.K. Subban se taille une place en règle au sein du Canadien à la fin du camp d'entraînement. Dès l'ouverture de la saison 2010-2011, certains observateurs prédisent qu'il remportera le trophée Calder, remis annuellement à la meilleure recrue de la LNH. Si son talent ne fait aucun doute, son allure excentrique dérange dans l'univers conservateur du hockey.

Il n'a pas encore 10 matchs d'ancienneté dans la LNH que Don Cherry, un ancien entraîneur des Bruins dont les analyses entre les périodes sont très écoutées au Canada anglais, lui reproche son attitude.

« C'est bien d'être frondeur quand tu arrives dans cette ligue. Très bien même. D'ailleurs, j'aime ça. Mais tu dois démontrer un minimum de respect. Si Subban continue de s'ouvrir autant la trappe, il risque de se faire blesser », avertit le controversé analyste lors de l'un de ses populaires segments *Coach's Corner* de *Hockey Night in Canada*.

Tout au long de la saison, les propos de Cherry trouvent écho auprès des adversaires du Canadien. Et cela n'a rien à voir avec la couleur de l'uniforme de P.K. ou de celle de sa peau. Plusieurs le trouvent tout simplement arrogant. Mike Richards, le capitaine des Flyers, va même jusqu'à dire : « Il est nouveau et il n'a pas encore mérité le respect. Il doit d'abord gagner celui de ses adversaires avant de vouloir imposer sa loi. J'espère qu'un de ses coéquipiers va régler la situation. Car s'il continue à être aussi arrogant, un malheur pourrait lui arriver. »

S'il énerve les joueurs des autres équipes, P.K. donne des cheveux gris aux entraîneurs du Canadien. Jacques Martin a beau le rencontrer dans son bureau et lui expliquer qu'il ne peut prendre continuellement des risques inutiles avec la rondelle, le jeune joueur n'en fait qu'à sa tête.

Excédé de toujours devoir répéter la même chose, l'entraîneur du Canadien décide, au début du mois de décembre, de le rayer de la formation sous prétexte qu'il ne comprend pas les concepts d'équipe.

« P.K., on ne veut pas te changer. Tu apportes de l'enthousiasme à l'équipe, tu as de belles habiletés. Mais tu as des choses à améliorer », lui explique son entraîneur.

Devant les médias, Martin se montre un peu plus sévère.

« Quand on pense à P.K., on pense à long terme. On veut en faire un de nos quatre premiers défenseurs pour une longue période. Avant de faire partie de ce groupe, il y a plusieurs marches à monter, et il n'est qu'au bas de l'escalier. Un défenseur doit suivre un apprentissage dans cette ligue et ça ne se fait pas du jour au lendemain », explique-t-il.

Pendant trois matchs, P.K. regarde ses coéquipiers jouer en prenant place sur la passerelle de la

P.K. SUBBAN 76

presse. Comble de malheur pour lui, le Canadien remporte ces trois rencontres (5 à 1 contre les Devils du New Jersey, 3 à 1 contre les Sharks de San Jose et 4 à 1 contre les Sénateurs d'Ottawa).

À travers les branches, on entend même certains de ses coéquipiers reprocher à P.K. de faire passer ses propres intérêts avant ceux de l'équipe.

Mais P.K. ne fait pas que de mauvaises choses. Malgré son jeune âge, il passe souvent plus de 22 minutes sur la patinoire au cours d'un match, ce qui est énorme. En l'absence d'Andreï Markov, toujours aux prises avec une blessure à un genou, c'est à lui que revient la tâche de faire fonctionner l'attaque massive du Canadien.

Il atteint le sommet de cette saison en montagnes russes le 20 mars 2011 en devenant le premier défenseur recrue de l'histoire du Canadien à enregistrer un tour du chapeau. Contre le Wild du Minnesota, il déjoue une fois José Théodore, un ancien gardien du Canadien, et deux fois Niklas Backstrom. Dans cette victoire de 8 à 1, il obtient également une passe.

Le premier de ces trois buts fut sans doute l'un des plus beaux de sa carrière. Après avoir récupéré la rondelle, il a fait le tour de la zone offensive, distancé trois adversaires avant de surprendre Théodore d'un tir entre les jambières.

Au terme de cette première saison, il affiche une récolte de 14 buts et de 24 passes, pour un total de 38 points, en 77 matchs. Il est le meilleur pointeur chez les défenseurs du Canadien et vient au cinquième rang dans l'équipe.

Mais P.K. n'obtient que 155 points au scrutin du trophée Calder, ce qui le place au sixième rang, loin derrière Jeff Skinner, des Hurricanes de la Caroline, le récipiendaire de ce prix. Le jeu instable de P.K. et ses performances inégales le tiennent éloigné de cet honneur.

10

DES MESSAGES À SAISIR

P.K. continue de faire beaucoup parler de lui au cours de sa deuxième saison complète avec le Canadien. Et ce n'est pas toujours pour les bonnes raisons. Avec son style offensif, il fait souvent des erreurs parce qu'il prend trop de risques. C'est comme s'il voulait trop en faire ou tout faire seul. Et ses entraîneurs commencent à s'impatienter de devoir toujours lui répéter la même chose.

Lors d'un match à Pittsburgh, le 20 janvier 2012, P.K. commet une erreur en remettant la rondelle, sans regarder, directement sur la palette d'un attaquant des Penguins. Quelques secondes plus tard, les Penguins marquent. Au retour de P.K. sur le banc, Randy Ladouceur, l'entraîneur qui s'occupe des défenseurs, le réprimande en lui hurlant dans les oreilles. Au lieu d'écouter, P.K. réplique, ce qui fâche encore plus l'entraîneur adjoint du Canadien.

Quatre jours plus tard, les deux hommes se disputent de nouveau lors d'un entraînement à Brossard.

— Ça fait 40 minutes que tu es sur la glace! Réveille-toi! lui crie Ladouceur après l'avoir enguirlandé pendant plusieurs secondes.

Pendant le match du lendemain, à l'occasion d'une visite des Red Wings de Detroit, P.K. est cloué au banc durant toute la deuxième période en raison d'une mauvaise punition et de quelques erreurs commises sur la patinoire, en première période.

Également fâchés contre P.K., même les vétérans ne manquent pas de le rappeler à l'ordre. Au terme de cette rencontre, Erik Cole ne se gêne pas pour dire que Randy Cunneyworth, entraîneur-chef de l'équipe depuis un mois, a eu raison de le garder sur le banc pendant toute une période.

« Il a été égoïste en écopant de cette punition. C'était une opportunité pour les entraîneurs de passer leur message », dit-il.

Ce message, P.K. semble avoir de la difficulté à le saisir. Au terme de cette saison, il mènera parmi tous les joueurs de la LNH avec 47 punitions mineures. L'hiver précédent, il avait également terminé au premier rang de cette colonne avec 42 punitions mineures.

Par ailleurs, la déclaration de Cole vient s'ajouter aux quelques disputes que P.K. a eues à l'entraînement avec des coéquipiers au cours de cette saison. Il en vient aux prises avec Tomas Plekanec, pour la deuxième fois de sa carrière, et avec David Desharnais. Chaque fois, les joueurs impliqués soutiennent que ce genre de bisbille arrive dans toutes les équipes. Curieusement, chez le Canadien, elle implique immanquablement Subban. Ce n'est rien pour apaiser les rumeurs selon lesquelles le défenseur irrite certains joueurs de son équipe.

Il faut dire que la tension est très vive chez le Canadien au cours de cette saison désastreuse. L'équipe la termine au 15e et dernier rang de l'Association de l'Est et au 27e rang de la Ligue nationale de hockey qui compte 30 équipes. Le Canadien gagne 31 matchs et récolte 78 points. C'est son pire résultat en 10 ans.

En cours de route, Pierre Gauthier, le directeur général du Tricolore, congédie Perry Pearn, l'un des entraîneurs adjoints, et Jacques Martin, l'entraîneur-chef. Il échange même un joueur, Mike Cammalleri, entre la deuxième et la troisième période d'un match à Boston. À la fin de cette saison à oublier, Gauthier est lui-même congédié.

En raison de son comportement sur la glace et de sa difficulté à s'entendre avec ses coéquipiers, des rumeurs de transaction circulent souvent au sujet de P.K. Et le fait que l'athlète de 22 ans entame la dernière année de son premier contrat professionnel contribue à les alimenter.

VEDETTE DU PETIT ÉCRAN

Un vent de renouveau souffle sur la saison 2012-2013. Au cours de l'été, les grands patrons du Canadien ont engagé Marc Bergevin et Michel Therrien aux postes de directeur général et d'entraîneur-chef. Le premier mandat de Bergevin consiste à faire signer un nouveau contrat à son futur défenseur-vedette.

Malheureusement, une discorde entre la LNH et les joueurs mène à un lock-out. Le conflit de travail qui perdure jusqu'au retour des Fêtes empêche toute négociation entre les joueurs et leur équipe.

Puisqu'il n'a pas de contrat en poche, P.K. ne peut risquer une blessure en allant jouer dans une autre ligue en attendant que le conflit se termine. Alors, plutôt que de faire comme ses coéquipiers qui s'exilent en Europe ou qui vont jouer dans les rangs mineurs, P.K. fait ses premières apparitions à la télévision.

Reconnu comme étant un moulin à paroles, le joueur extraverti met cette caractéristique à profit en jouant les faux lecteurs de nouvelles à l'émission *This Hour has 22 minutes*. Il joue aussi le présentateur météo sur les ondes de CTV et l'analyste de matchs de hockey junior au réseau Sportnet. Il est également l'invité de plusieurs *talk-shows*.

Si ces nombreuses apparitions publiques plaisent à certains, elles en irritent d'autres. Ces derniers prétendent que le défenseur devrait se consacrer à l'entraînement plutôt que de faire des pitreries au petit écran.

Peu importe, P.K. n'en a que faire des critiques. De plus en plus à l'aise devant les médias, il en vient à créer un style bien à lui.

Tout comme Michael Jordan et Tiger Woods, ses idoles issues d'autres sports, P.K. finira même par créer sa propre marque de commerce. *Change the game* (Changer le jeu) deviendra le slogan de cette marque. D'ailleurs, chaque fois que Subban se présente devant les médias, il porte une casquette ou un chandail affichant cette phrase et un logo le représentant en train de célébrer un but.

« Un jour, vous verrez ce logo sur un avion », soutient-il de temps à autre, mi-blagueur, mi-sérieux.

Cette volonté de changement, le défenseur tente de l'appliquer à sa façon. Dans un milieu conservateur comme celui du hockey, cela dérange. Lorsqu'ils le voient se promener avec des vêtements à son effigie, plusieurs y perçoivent une preuve d'égocentrisme. Une réaction que P.K. a bien de la difficulté à comprendre.

« Pourquoi la LNH ne met-elle pas ses joueurs en vedette ? La NFL et la NBA le font bien, elles ! » s'exclame-t-il sur le sujet.

Attristé par ce constat, P.K. choisit de remédier lui-même à la situation. En plus de posséder sa propre marque, il s'assure d'être tiré à quatre épingles à chaque événement de la LNH auquel il participe. Que ce soit un match des étoiles, une joute en plein air ou le banquet de remise des trophées, il soigne sa réputation d'athlète le mieux vêtu du circuit. Ses vêtements sortent parfois de l'ordinaire, comme son veston de velours rouge ou son imperméable marron à col de vison, et reflètent bien ses goûts un peu éclatés.

« Je veux faire en sorte d'être plus qu'un joueur de hockey », répond-il lorsque les journalistes lui demandent pourquoi il fait preuve d'autant d'exubérance.

De plus, à part Carey Price, qui porte le chapeau de cowboy lorsque le Canadien visite les équipes de l'Ouest canadien, celles d'Edmonton et de Calgary par exemple, P.K. est possiblement le seul joueur de la LNH à se couvrir la tête avec autre chose qu'une tuque. Ses chapeaux Fedora lui donnent parfois l'air d'être sorti tout droit d'une autre époque.

Du temps où P.K. jouait pour le Canadien, Carey et lui avaient des affinités qui allaient bien au-delà de leur tête à chapeaux. Loin de la patinoire, que ce soit dans les quartiers d'une autre ville, au restaurant ou dans l'avion, ils étaient souvent ensemble. Comme un petit frère espiègle, P.K. aimait bien tourner autour de son ami, lui jouer des tours et le taquiner jusqu'à ce qu'il perde patience.

En fait, les deux joueurs se sont toujours tellement bien entendus qu'à un certain moment ils avaient leur propre façon de célébrer chaque victoire du Canadien. Une fois le match terminé, P.K. sautait sur la glace pour aller à la rencontre de son gardien. Face à face, les deux coéquipiers s'inclinaient avant de se frapper trois fois dans la main. Ils avaient eux-mêmes baptisé ce rituel le *triple low-five*.

Il n'y a peut-être que sur le plan des goûts musicaux que les deux copains divergeaient d'opinion. Alors que Carey a un penchant pour la musique country, P.K. aime surtout la musique rap et le R&B. Quand il enfile ses écouteurs, P.K. se laisse entraîner par la musique de Tupac, de Jay Z et de Snoop Dogg.

12

DE LA PAROLE AUX ACTES

Au terme du lock-out, le 19 janvier 2013, P.K. n'a toujours pas de contrat lorsque s'ouvre la saison. Après avoir boycotté le camp d'entraînement de son équipe, il regarde chez lui, dans son salon, les six premiers matchs d'une saison qui n'en prévoit que 48. Au lendemain de ce quatrième match, les deux parties en viennent finalement à un accord.

Étant donné que le défenseur n'a pas encore fait ses preuves, Bergevin ne lui offre qu'un contrat de deux ans.

P.K. utilise son premier chèque de paie pour acheter un véhicule utilitaire. Ce véhicule n'est pas pour lui, mais plutôt pour son père. Voilà qui prouve sa reconnaissance envers les sacrifices que ses parents ont faits pour lui.

« Mon père a tellement donné pour moi que j'aurais été gêné de me promener dans une voiture plus belle que la sienne. Il a accompli de grandes choses en m'aidant à atteindre mon but. »

Pendant ce temps, son retour dans l'entourage de l'équipe ne se fait pas sans quelques frictions. Lors du premier entraînement suivant ce retour, à Brossard, il reçoit un accueil plutôt froid de ses compagnons de jeu. Ce qui ne tarde pas à enflammer les tribunes téléphoniques. Encore une fois, on insinue que ses coéquipiers le détestent et le trouvent égoïste.

Malgré le tumulte, P.K. connaît la meilleure saison de sa carrière. Il domine tous les défenseurs de la LNH dans la colonne des pointeurs grâce à une récolte de 38 points, dont 11 buts, en 42 rencontres.

En plus d'être fiable en attaque, le défenseur du Canadien distribue des mises en échec percutantes à quiconque se présente à sa ligne bleue avec la tête un peu basse. Mais contrairement aux autres joueurs, P.K. ne neutralise pas l'adversaire avec un coup d'épaule. C'est avec ses hanches, son dos ou même ses fesses qu'il arrête net la course du porteur de la rondelle.

Les résultats sont parfois spectaculaires. S'en trouvant le souffle coupé, le patineur adverse se retire habituellement au banc de son équipe. S'il utilise cette façon inhabituelle de mettre un joueur de l'autre équipe en échec, ce n'est pas pour lui faire plus mal. C'est surtout pour minimiser les risques de se blesser lui-même.

« Lorsque vous frappez quelqu'un avec l'épaule, ça crée beaucoup de tension et de pression sur cette extrémité du corps. Ça peut mener à une dislocation de l'épaule et à des opérations. Le dos et les fesses, ce sont deux des parties les plus résistantes de votre corps », explique-t-il.

Les différentes facettes de son jeu lui valent d'être élu le meilleur défenseur de la LNH et de graver son nom sur le trophée Norris. Il devient le premier défenseur du Canadien à gagner ce trophée depuis Chris Chelios, en 1989.

À compter de ce moment-là, tout le monde est persuadé qu'il gagnera facilement un poste dans l'équipe olympique canadienne. Sa place aux Jeux olympiques de Sotchi, huit mois plus tard, semble assurée !

***

— *C'est le meilleur défenseur. C'est sûr. Qui pourrait être assez fou pour se priver du meilleur défenseur ? demande Youssef, désireux d'en apprendre un peu plus sur P.K.*

— *Ce n'est pas si simple que ça, lui répond l'enseignant, en éclatant de rire.*

Confus, Youssef se gratte la tête, signe de son incompréhension.

— *N'oublie pas que le hockey est un sport d'équipe. Ce n'est pas tout de pouvoir marquer des buts, de faire de savantes passes et d'être spectaculaire. Il faut savoir se plier au plan de match de l'entraîneur et faire un tout avec ses* coéquipiers. Rappelle-toi également qu'au cours de ses trois premières saisons avec le Canadien, il a eu beaucoup de difficulté à s'entendre avec ses entraîneurs. Le monde du hockey étant très petit, personne n'ignore la réputation de P.K.

— Les Jeux olympiques, c'est fait pour les meilleurs. Alors, je ne vois pas comment tu peux espérer gagner si tu te passes du meilleur joueur, insiste le garçon.

13

D'UNE FEUILLE D'ÉRABLE À L'AUTRE

Justement, tout le monde est convaincu de l'utilité de P.K. Subban pour l'équipe olympique canadienne, sauf l'entraîneur-chef de la délégation, Mike Babcock, et son directeur général, Steve Yzerman.

Babcock est un entraîneur qui a fait sa renommée en inculquant à ses équipes des plans de matchs très stricts où le sacrifice importe plus que tout. Il n'est pas persuadé que le joueur du Canadien pourra se fondre au moule dans lequel il veut former Équipe Canada pour les Jeux olympiques de Sotchi.

Comme ce fut toujours le cas dans la vie de P.K., on remet en doute ses aptitudes défensives et sa capacité à jouer sans prendre de risque. D'ailleurs, Babcock ne fait aucune cachette à ce sujet. Dès le camp d'évaluation tenu à Calgary en août 2013, il se montre clair.

Le défenseur lui-même sait très bien qu'il ne peut uniquement se fier au fait qu'il a remporté le trophée Norris pour gagner un poste avec l'équipe. De toute façon, plusieurs des 17 défenseurs invités à ce camp ont déjà gravé leurs noms sur ce même trophée ou ont été finalistes.

C'est le cas de Duncan Keith, des Blackhawks de Chicago, gagnant en 2010, de Shea Weber, des Predators de Nashville, et de Mike Green, des Capitals de Washington, finalistes à deux reprises, ainsi que de Dion Phaneuf, des Maple Leafs de Toronto, et de Kristopher Letang, des Penguins de Pittsburgh, finalistes à une occasion.

Lors de son passage à l'Université McGill de Montréal, en novembre, où on lui remet un diplôme honorifique, Babcock maintient son idée : « Pour jouer au sein de l'équipe olympique, il faut que tu sois bon sur la totalité des 200 pieds de la surface et tu dois l'être de façon constante, souligne l'entraîneur, gagnant d'une coupe Stanley, avec les Red Wings en 2008. Et avant toute chose, les entraîneurs doivent avoir confiance en toi. »

« Évidemment, le coup de patin et un sens du hockey hors du commun sont des qualités qu'il faut avoir, mais il faut surtout être un joueur fiable. C'est ce que nous disons à tous les joueurs, qu'ils soient gardiens, défenseurs ou attaquants », ajoute Babcock, qui était également derrière le banc de l'équipe canadienne lors de la conquête de la médaille d'or aux Jeux olympiques de Vancouver, en 2010.

Bien qu'il soit le récipiendaire du trophée Norris, P.K. se fait vite ramener sur terre par son entraîneur. Dès le troisième match de la saison 2013-2014, Michel Therrien, qui se montre insatisfait de son jeu, le fait venir dans son bureau.

— Est-ce qu'on est dans une ligue de hockey d'été et je ne suis pas au courant ? lui demande son entraîneur sur un ton autoritaire.

— Non, répond Subban.

— Est-ce que c'est un match pour des œuvres de charité ?

— ...

— Patine et bouge la rondelle ! Mentalement, tu n'es pas présent. J'ai averti les gars avant le match. Juste de la façon dont tu as pratiqué hier, je savais que tu ne serais pas prêt aujourd'hui.

Sans doute fouetté par cette réprimande, P.K. termine cette rencontre avec un but et une passe. D'ailleurs, il connaît un début de saison du tonnerre. Au cours des 44 premières parties de la saison, il marque 7 buts et ajoute 26 passes à son palmarès pour un total de 33 points. Il s'agit du troisième plus haut total chez les défenseurs de la LNH.

Il sait très bien qu'en devançant ses rivaux, il augmente ses chances de convaincre les dirigeants d'Équipe Canada. Mieux encore, il domine tous les joueurs du Canadien dans la colonne des plus et des moins. Son +14 démontre bien qu'il a su améliorer et ajuster son jeu défensif.

Le 7 janvier, un peu plus d'un mois avant le début du tournoi olympique, lors d'une conférence de presse attendue et suivie d'un bout à l'autre du pays, Steve Yzerman nomme les joueurs qui feront partie de la formation. Après plusieurs semaines d'incertitude et de débat, il est décidé que P.K. Subban s'envolera vers Sotchi avec 24 autres joueurs canadiens.

P.K. est fou de joie. Il aura la chance de représenter son pays dans le plus important tournoi de hockey international. En plus de courir la chance de remporter une médaille d'or olympique, il est convaincu qu'il pourra prouver à tout le monde qu'il peut se tirer d'affaire contre les meilleurs joueurs au monde.

En parvenant à se tailler un poste, Carey Price et lui deviennent les deux premiers joueurs du Canadien de Montréal à défendre l'honneur du Canada aux Jeux olympiques depuis Shayne Corson et Mark Recchi, en 1998, à Nagano.

Pour les premiers jeux présentés chez elle depuis ceux de Moscou à l'été 1980, à l'époque où elle faisait partie de l'Union soviétique, la Russie a voulu en mettre plein la vue. Partis de rien, le comité organisateur et le pays hôte ont bâti des infrastructures en bordure de la mer Noire et dans la vallée Krasnaïa Poliana, située dans les montagnes du Caucase. Un aéroport, 2 gares, 200 km de voies ferrées, 400 km de route, 77 ponts et 12 tunnels ont également dû être construits pour accueillir les milliers d'athlètes et de visiteurs. Le coût de ces travaux d'envergure s'élève à plus de 50 milliards de dollars. Cette somme fait des Jeux de Sotchi les plus chers de toute l'histoire olympique. Jusque-là, ce sont ceux de Pékin, à l'été 2008, qui avaient été les plus coûteux avec leurs 42 milliards de dollars.

Le tournoi de hockey olympique se déroule à deux endroits : le Palais des glaces Bolchoï, nommé ainsi en l'honneur du célèbre théâtre, et l'Arène de glace Chaïba, un mot qui signifie « rondelle » en russe.

Comme plusieurs s'en doutaient, la contribution de P.K. est plutôt mince au cours de ce tournoi. Pour sa première présence aux Jeux olympiques, il ne dispute qu'un seul des six matchs du Canada. Face à l'Autriche, il effectue 14 présences sur la patinoire, pour un temps de jeu de 11 minutes 41 secondes. Il est le défenseur le moins utilisé du Canada pendant cette rencontre.

Bien qu'il ne joue pas beaucoup, P.K. refuse de faire des vagues. Il se présente aux entraînements sans bouder et donne son maximum à chacun des exercices.

Fidèle à lui-même, il partage avec ses coéquipiers son énergie contagieuse. Il en profite même pour se lier d'amitié avec certains d'entre eux qui, en temps normal, sont des adversaires. C'est ainsi qu'il tisse des liens avec Shea Weber et Jonathan Toews.

« C'est une personne avec un réservoir d'énergie illimité. Il vibre 24 heures sur 24, 7 jours sur 7 », déclare Babcock à son sujet.

Même s'il doit se contenter du rôle de spectateur, P.K. est fier de représenter son pays. Ce n'est pas tous les joueurs qui ont cette chance et qui ont l'occasion de remporter une médaille d'or olympique.

« Un jour, Mike Babcock sera reconnu comme l'un des meilleurs entraîneurs de l'histoire de la LNH. Je pourrai me vanter d'avoir appris de lui et d'avoir joué sous ses ordres », se surprend souvent à penser P.K. au cours de ces deux semaines passées à Sotchi.

Au matin du 23 février, tous les Canadiens sont rivés à leur petit écran en espérant voir le Canada battre la Suède. Grâce aux 24 arrêts de Carey Price et aux buts de Jonathan Toews, de Sidney Crosby et de Chris Kunitz, le Canada remporte ce match 3 à 0, ce qui permet à P.K. d'ajouter une troisième médaille d'or internationale à son palmarès. Cette fois, ce n'est rien de moins que la prestigieuse médaille d'or olympique.

Au terme du tournoi, P.K. se montre toujours aussi reconnaissant envers Babcock de l'avoir choisi dans son équipe. Tellement qu'avant de monter à bord de l'avion qui ramène les champions olympiques au pays, il prend son entraîneur par surprise en lui présentant tous les membres de sa famille.

« Ça m'a énormément impressionné étant donné qu'il n'avait pas joué beaucoup. Mais il était tellement fier de sa famille », a raconté l'entraîneur dans les semaines suivant cette conquête.

Hésitant au départ à le nommer au sein de son équipe, Babcock fut finalement très fier de son choix.

« J'ai adoré P.K. Même s'il n'a pas joué beaucoup, il était un membre important de l'équipe. Il a affiché une attitude positive tous les jours. Il travaillait fort dans les entraînements. Il était fier de représenter le Canada. »

14

DES PROPOS RACISTES

De retour au Canada avec une médaille d'or olympique autour du cou, P.K. est plus que jamais déterminé à aider son équipe à mettre la main sur le prix le plus important à ses yeux : la coupe Stanley. L'espoir de voir le gros trophée argenté déambuler dans les rues de Montréal pour la première fois depuis 1993 est réaliste. Pour la deuxième fois seulement depuis cette dernière conquête, le Tricolore a conclu la saison avec une récolte d'au moins 100 points.

Après avoir éliminé le Lightning de Tampa Bay en quatre matchs consécutifs (une série au cours de laquelle P.K. a récolté cinq passes), le Canadien a rendez-vous avec ses ennemis jurés, les Bruins de Boston. En près de 90 ans, c'est la 34e fois que ces deux équipes s'affrontent en séries éliminatoires. Jamais deux équipes ne se sont affrontées aussi souvent dans l'histoire de la LNH.

Détesté par les partisans des Bruins plus que partout ailleurs, P.K. est hué chaque fois qu'il touche à la rondelle. Mais le défenseur du Canadien a du caractère. Il carbure à ce genre d'accueil. Plus les spectateurs le huent, plus son niveau d'énergie et d'intensité augmente. Il se fait un plaisir de le prouver à chaque match qui a lieu au TD Garden, le domicile des Bruins.

Dès la première partie, il démontre aux Bruins et à leurs partisans qu'il leur en mettra plein la vue. Au cours de cette rencontre qui nécessite deux périodes de prolongation, P.K. passe près de 34 minutes sur la glace. Il en profite pour marquer deux buts : le premier de la série... et celui de la victoire à l'aide d'un puissant lancer frappé dans la partie supérieure du filet.

Aussitôt, quelques partisans des Bruins lancent des projectiles en sa direction et dans celle de Carey Price. Bien qu'ils soient atteints, ni l'un ni l'autre n'est blessé. Cette belle victoire est de nouveau assombrie, dans les heures qui suivent, par une série de messages haineux et racistes à l'endroit du joueur du Canadien, publiés sur les réseaux sociaux. Des attaques, par chance, dénoncées et condamnées par l'organisation des Bruins.

Ces commentaires sont difficilement compréhensibles, surtout lorsque l'on considère que Malcolm Subban a été le premier choix de cette équipe en 2012 et qu'au moment des faits, les Bruins comptent dans leur formation Jarome Iginla, un joueur de race noire.

D'ailleurs, les partisans des Bruins semblent avoir oublié que c'est dans l'uniforme de leur équipe favorite que Willie O'Ree est devenu le premier joueur noir à jouer un match de la LNH, le 18 janvier 1958, au Forum de Montréal.

P.K., pour qui il ne s'agit pas de la première contro-
verse, refuse de se laisser atteindre et abattre par
ces propos. Utilisé plus que tout autre joueur, il
ajoute deux buts lors du second match, un but et
une passe lors du troisième, et un autre but dans
la cinquième rencontre.

Au cours de ce cinquième match, P.K. se retrouve
au cœur d'un autre épisode houleux. Dans la dernière minute de cette rencontre, il se fait asperger
le visage d'eau en passant avec la rondelle tout
près du banc des Bruins. Shawn Thornton, l'homme
fort des Bruins, est le coupable.

« Si j'étais celui qui avait commis ce geste, on en
ferait une grosse histoire pendant trois jours », déclare le défenseur du Canadien, visiblement irrité
par la situation, après la rencontre.

Pris sur le fait, le joueur des Bruins se voit imposer une amende. Mais il ne s'agit pas là du pire de
ses soucis. Cumulant deux victoires contre trois
dans la série, le Canadien se sert de cet incident

comme élément de motivation et renverse la vapeur lors des deux dernières rencontres.

Avec sept points, dont quatre buts, P.K. aide le Canadien à éliminer les Bruins pour la 25e fois de son histoire. Les Bostoniens n'ont eu le meilleur que neuf fois seulement.

Au terme de cette septième et ultime joute, P.K. en profite pour régler ses comptes. Dans le minuscule vestiaire des visiteurs du TD Garden de Boston, devant plus d'une vingtaine de journalistes et de caméramans, P.K. se vide le cœur.

« Je me fous de ce que les gens ont à dire. Je n'en ai rien à faire de ce que les autres équipes pensent, de ce que leurs partisans pensent. S'ils me détestent, super. Détestez-moi. Nous allons continuer de gagner, je vais continuer de marquer des buts et nous allons poursuivre notre route. »

Tout comme en 2010, cette route prendra fin en finale de l'Association de l'Est. Cette fois, ce sont les Rangers de New York qui ont le dessus sur P.K.

et ses coéquipiers. Auteur de seulement un but et une passe, P.K. se fait beaucoup plus discret au cours de cette série de six rencontres. Cependant, c'est la blessure subie par Carey Price, bousculé par Chris Kreider lors du tout premier match, qui aura véritablement causé la perte et l'élimination du Canadien.

15

DANS LE CŒUR
D'ÉLISE BÉLIVEAU

Bien que l'équipe ait atteint la finale de l'Association de l'Est au cours du printemps, la direction du Canadien apporte plusieurs modifications à sa formation au cours de l'été 2014. Estimant que le groupe de jeunes leaders émergeant de son équipe est mûr pour de plus grandes responsabilités, Marc Bergevin choisit de couper les ponts avec le capitaine Brian Gionta et l'un des adjoints, Josh Gorges. Tous les deux prennent le chemin de Buffalo. Le premier, à titre de joueur autonome, et le second, dans le cadre d'une transaction (en retour d'un choix au repêchage en 2016).

Les spéculations vont bon train au sujet de la succession de Gionta, le capitaine des quatre dernières saisons. Plusieurs soutiennent que Carey Price est le meneur ultime de cette équipe, mais puisqu'un gardien ne peut être nommé capitaine, il ne peut être dans la course.

Quatre noms reviennent constamment dans les discussions. Andreï Markov et Tomas Plekanec, les deux joueurs comptant le plus d'ancienneté au sein de la formation, Max Pacioretty, l'attaquant le plus productif de l'équipe, et P.K. Subban, considéré comme le joueur le plus électrisant du Canadien.

C'est avec beaucoup de hâte que les partisans et les journalistes attendent la tenue du tournoi de golf annuel de l'équipe. Cet événement, qui lance officiellement la saison, est habituellement l'occasion pour tous les joueurs de raconter ce qu'ils ont fait pendant leur été. Se sont-ils entraînés fort? Ont-ils complètement guéri leurs blessures? Sont-ils prêts pour les nouveaux défis qui les attendent?

C'est aussi l'occasion de rencontrer une première fois les joueurs acquis durant l'été et de savoir ce que réserve la prochaine saison. Quels sont les objectifs? S'attend-on à voir un jeune joueur éclore? Qui obtiendra plus de responsabilités?

Cette fois, ce sera surtout l'occasion de connaître l'identité du nouveau capitaine.

Le suspense prend fin lorsque Markov, Plekanec, Pacioretty et Subban sortent du chalet, vêtus chacun de leur chandail du Canadien, sur lequel la lettre « A » d'adjoint au capitaine a été fraîchement cousue.

Comme ce fut le cas en 2009-2010, le Canadien passera la saison sans capitaine. Marc Bergevin explique sa décision en disant souhaiter que les jeunes Pacioretty et Subban puissent prendre leur place. Alors que Markov et Plekanec porteront le « A » à tous les matchs, les deux athlètes de 25 ans le feront, quant à eux, à tour de rôle.

Même si Bergevin et Michel Therrien refusent de l'admettre, la saison qui s'amorce servira ni plus ni moins d'audition pour l'élection du prochain capitaine.

Le 2 décembre, en fin de soirée, un grand chapitre de l'histoire du Canadien se conclut. Affaibli par une pneumonie contractée quelques mois auparavant, Jean Béliveau, le plus grand capitaine de l'histoire de l'équipe, décède paisiblement à sa résidence de Longueuil.

M. Béliveau, capitaine du Canadien pendant 10 saisons et vainqueur d'autant de coupes Stanley, est exposé sur la glace du Centre Bell, transformé, pendant deux jours, en immense salon funéraire. Des personnalités politiques, d'anciens coéquipiers et des milliers de simples citoyens viennent se recueillir auprès du cercueil de monsieur Béliveau, offrant au passage leurs condoléances à sa femme, Élise, à sa fille, Hélène, et à ses petites-filles Mylène et Magalie.

Les joueurs du Canadien font de même en rendant, eux aussi, un dernier hommage à la légende.

À compter de ce moment-là, une relation plus intime se forge entre madame Béliveau et P.K. Si elle souligne d'emblée que le prochain capitaine doit être Pacioretty, elle ne cache pas son affection pour le défenseur.

« J'ai toujours eu un faible pour lui. Je l'aime bien, mon petit P.K. C'est une vraie carte de mode, répète-t-elle souvent. En plus, il est plein de vie. Il n'est pas plate à voir jouer. »

Bien au fait de l'admiration que lui porte madame Béliveau, P.K. l'aime tout autant. Ce n'est pas pour rien qu'il s'assure de respecter un petit rituel chaque fois qu'elle assiste à un match et qu'elle prend place dans son siège habituel.

Une fois les hymnes nationaux terminés, P.K. revient vers le banc où il s'asperge d'eau. Après avoir fait un signe de croix, il regarde madame Béliveau, lui envoie un baiser soufflé, puis remet ses gants et retourne à sa position pour la mise au jeu initiale.

En tant que veuve du grand Jean Béliveau, Élise est la seule personne autorisée, comme elle le faisait avec son défunt mari, à emprunter le même couloir que les joueurs pour se rendre à son siège. Chaque fois qu'elle croise P.K. à proximité du vestiaire, elle lui lance quelques mots d'encouragement. Parfois, elle est même vêtue du chandail numéro 76 de son favori. Une liberté qu'elle ne s'était jamais permise, même à l'époque où son mari remplissait le filet adverse.

Parfois, elle ose même quelques conseils. Comme ce soir d'avril 2015, lors du match initial de la première ronde des séries face aux Sénateurs d'Ottawa.

Voyant qu'il est de fort mauvaise humeur entre la deuxième et la troisième période, Élise s'approche de lui et lui souffle tout doucement : « Ne t'inquiète pas, P.K. Je suis certaine que tu vas te reprendre. Tu verras, ça ira mieux lors du prochain match. »

S'il est de si mauvais poil, c'est qu'il est conscient que la punition dont il a écopé au deuxième vingt, pour avoir donné un coup de bâton à Mark Stone, a permis aux visiteurs de marquer deux buts.

Le Canadien remportera ce match, mais le mal est fait. Encore une fois, P.K. doit essuyer des critiques à son égard. De plus, les joueurs et les entraîneurs des Sénateurs l'accusent d'avoir proféré des menaces à l'endroit de Stone.

Deux jours plus tard, P.K. prend sa revanche en jouant un excellent match. Il inscrit un but et décoche cinq tirs en direction d'Andrew Hammond, le gardien des Sénateurs. Une performance qui lui vaut la première étoile du match.

Au moment de faire son tour d'honneur, il déclare au micro, aux 21 287 spectateurs réunis au Centre Bell : « Lors du dernier match, madame Béliveau m'a dit que je serais meilleur. Ce soir, elle porte son chandail de Subban. Je voulais être meilleur, notre équipe voulait être meilleure et nous l'avons été. »

Le parcours du Canadien se termine au tour suivant, devant le Lightning de Tampa Bay. Avec une saison de 60 points (15 buts et 45 passes), P.K. termine au deuxième rang des pointeurs chez

les défenseurs de la ligue. Cette fiche et l'ensemble de sa tenue lui valent une autre nomination pour le trophée Norris. Au scrutin, il termine toutefois au troisième rang derrière Erik Karlsson, des Sénateurs d'Ottawa, reconnu comme étant le meilleur défenseur pour la deuxième fois en quatre ans, et Drew Doughty, des Kings de Los Angeles. Mince consolation, le nom de P.K. Subban apparaît dans la première équipe d'étoiles de la LNH. Un honneur qu'il avait également reçu au terme de la saison 2012-2013.

Quelques semaines plus tard, le Canadien nomme enfin son nouveau capitaine. Comme l'avait prédit madame Béliveau, l'honneur revient à Max Pacioretty, mais P.K. continuera d'occuper une place spéciale dans son cœur.

16

LE MALHEUR,
PAR VAGUE DE TROIS

Les partisans du Canadien attendent beaucoup de leur club au début de la saison 2015-2016. Deux fois au cours des trois saisons précédentes, leurs favoris ont remporté le titre de la division Atlantique et terminé deuxièmes de l'Association de l'Est.

Même si, à chacun de ces printemps, le parcours en séries éliminatoires leur a laissé un goût amer, les amateurs sont persuadés que la saison qui vient pourrait être celle où le Canadien redeviendra champion.

Les espoirs sont d'autant plus grands que Carey Price semble au sommet de son art. Au terme de la saison précédente, Price a remporté les trophées Hart, remis au joueur le plus utile à son équipe en saison régulière, et Vézina, qui récompense le meilleur gardien. Avec le meilleur joueur au monde devant le filet, nombreux sont ceux qui sont convaincus que cette saison sera la bonne.

Et le départ du Canadien ne fait qu'augmenter cette croyance. Le Tricolore remporte ses neuf premiers matchs de la saison en temps régulier et établit ainsi un record de la Ligue nationale de hockey. P.K. y contribue à sa façon en réalisant un but et neuf passes au cours de ces neuf rencontres.

Mais la malchance vient rapidement frapper l'équipe et ramène tout le monde sur terre. Des joueurs-clés sont blessés, comme Price, qui rate 67 rencontres, et Brendan Gallagher, qui doit rester inactif pendant 29 matchs. Ces absences portent un dur coup aux performances de l'équipe.

Après un début étincelant, la saison du Canadien prend une tournure catastrophique. Du 1er décembre au 3 février, les Montréalais ne remportent que 6 victoires en 27 matchs. Au cours de ces deux mois, ils passent du 1er au 21e rang de la LNH !

Durant cette descente aux enfers, P.K. est l'un des rares joueurs du Canadien à récolter des points régulièrement. Bien que certaines personnes lui reprochent de ne pas le faire suffisamment, il domine tout de même le classement des pointeurs du Canadien pendant une grande partie de la saison. À la pause du Match des étoiles, il présente un dossier de 4 buts et de 33 passes. Une performance qui lui vaut d'être invité au week-end des Étoiles.

Cette année-là, l'événement se tient à Nashville. Capitale de l'État du Tennessee, cette ville de plus de 6,5 millions d'habitants est également considérée comme la capitale de la musique country.

Lors du concours d'habileté, P.K. surprend tout le monde en sautant sur la glace coiffé d'une longue perruque noire et d'un chandail des Panthers de la Floride. Dans sa plus belle imitation de Jaromir Jagr, Subban déjoue Pekka Rinne, le gardien des Predators de Nashville, avant d'effectuer le salut militaire, comme le faisait le Jagr des beaux jours.

Durant sa carrière d'au-delà de 20 saisons et de plus de 1600 matchs dans la LNH, Jagr, un attaquant d'origine tchèque, s'est hissé parmi les trois meilleurs marqueurs de l'histoire du circuit. C'est au cours des 11 saisons durant lesquelles il a revêtu l'uniforme des Penguins de Pittsburgh qu'il a popularisé ce salut en l'effectuant après chacun de ses buts.

Cette entrée théâtrale vaut à P.K. de remporter la faveur du public lors de ce défi des échappées où les joueurs sont invités à improviser des échappées loufoques.

« J'ai appelé ma mère. Je ne savais même pas que j'avais un frère », dit Jagr à Subban, visiblement amusé par la performance du défenseur.

Le lendemain, au cours du tournoi à 3 contre 3, qui remplace pour la première fois le traditionnel Match des étoiles, P.K. aide la division Atlantique à atteindre la finale en inscrivant le but gagnant d'une victoire de 4 à 3 devant la division Métropolitaine. Cependant, P.K. et ses coéquipiers doivent s'avouer vaincus 1 à 0 contre la division Pacifique.

P.K. a eu beaucoup de plaisir au cours de cette fin de semaine d'activités et de festivités. Mais le retour à la vraie vie est plutôt ardu. Le niveau d'impatience des partisans, qui voient leur équipe dégringoler au classement de semaine en semaine, s'intensifie à mesure que la saison avance. Encore une fois, P.K. est dans la mire de plusieurs. Comme c'est le cas depuis le début de sa carrière, on lui reproche ses tourniquets trop fréquents et ses jeux risqués.

Il faut dire que le défenseur n'aide pas sa cause en créant des revirements coûteux. La pire bévue survient le 17 février, au Colorado, alors que le Canadien a besoin de chaque précieux point de classement pour demeurer dans la course aux séries éliminatoires.

Dans les derniers instants de la troisième période, posté à la ligne bleue de l'Avalanche, P.K. perd pied en tentant de déjouer Mikhail Grigorenko. Au terme de la contre-attaque qui s'ensuit, Grigorenko remet la rondelle à Jarome Iginla qui marque le but de la victoire. Puisqu'il reste alors 2 minutes et 3 secondes à écouler à la troisième période, le Canadien, qui croyait pouvoir récolter au moins un point en forçant la tenue d'une période de prolongation, rentre à Montréal les mains vides.

Furieux, Michel Therrien, n'hésite pas à pointer le doigt vers son défenseur.

« L'équipe a travaillé très fort et méritait un meilleur sort. On a joué en équipe. C'est une erreur, à la suite d'un jeu individualiste qui nous a coûté le match », martèle l'entraîneur du Canadien après la rencontre.

P.K. n'est pas au bout de ses peines. Au cours de l'hiver, 22 joueurs du Canadien ratent au moins un match en raison d'une blessure. Il fait malheureusement partie du nombre. Le 10 mars, dans les derniers instants d'un match devant les Sabres de Buffalo, le défenseur du Canadien chute après un contact avec Marcus Foligno. En tentant de venir récupérer la rondelle demeurée libre, Alexei Emelin, son compagnon de jeu, le heurte accidentellement à la tête avec son postérieur.

Blessé au cou, P.K. se tord de douleur sur la surface glacée. Rapidement, les thérapeutes de l'équipe accourent à ses côtés. Après huit longues minutes, on l'escorte hors de la patinoire sur une civière pour l'amener à l'Hôpital général de Montréal.

Dans les gradins du Centre Bell, on peut sentir l'inquiétude des partisans. Madame Béliveau, qui assiste au match dans le salon des anciens joueurs du Canadien, s'inquiète également pour son joueur favori. Connaissant l'endroit comme le fond de sa poche, et bien au fait des habitudes de l'organisation, l'élégante dame s'empresse de se rendre au long et large couloir que l'équipe médicale du Canadien empruntera pour mener P.K. de la patinoire à l'ambulance.

En voyant le convoi s'approcher, elle demande :

— Comment te sens-tu, P.K. ?

— Je vais bien. Ne vous inquiétez pas, madame Béliveau.

— D'accord. Prends soin de toi. On se reparlera quand tu iras mieux.

Le cœur serré, elle regarde les ambulanciers embarquer P.K. dans l'ambulance. Elle est tout de même soulagée d'apprendre que le défenseur n'est pas trop amoché.

Ceux qui regardent la rencontre à la télévision vivent également des moments angoissants. C'est le cas de Nastassia, la grande sœur de P.K., une téléspectatrice fidèle des matchs du Canadien.

Prise de panique devant la scène, elle téléphone à ses parents.

— Papa! Papa! As-tu vu ce qui est arrivé à P.K.?

— De quoi parles-tu? Qu'est-ce qui est arrivé à P.K.? lui répond Karl, la voix endormie.

Karl et Maria Subban ne ratent jamais une partie de l'un de leurs trois fils. S'ils ne peuvent la regarder à la télévision, ils le font sur leur tablette électronique. À l'extérieur du pays pour quelques jours, les parents ont tenté de regarder le match, mais des ennuis avec la connexion Internet de l'hôtel les ont convaincus de tout éteindre et d'aller au lit.

«Ils ont sorti P.K. de la glace! Ils l'ont sorti sur une civière!» leur apprend Nastassia, visiblement affolée.

Aussitôt, la panique s'installe dans la chambre d'hôtel des Subban sur qui le malheur semble s'acharner depuis le début de la saison.

Jordan, le premier, a été victime d'une blessure légère avec les Comets d'Utica, le club-école des Canucks de Vancouver. Puis, ce fut au tour de Malcolm, sans doute le plus sérieusement touché du trio. Atteint à la gorge par un tir de l'un de ses coéquipiers des Bruins de Providence, au cours d'une période d'échauffement, il a dû subir une opération pour réparer son larynx fracturé. Et maintenant, P.K...

« Le malheur vient toujours par vague de trois. J'espère que c'est terminé », pense Karl Subban, alors que l'agent de son fils lui fait état de la situation. Au moins, les nouvelles sont bonnes.

Une fois à l'hôpital, des examens approfondis ont révélé qu'il souffre finalement d'une blessure au cou sans gravité. Plus de peur que de mal pour l'aîné des frères Subban qui, durant son court séjour à l'hôpital, reçoit des messages d'encouragement de certains joueurs des autres équipes.

Shea Weber et Jonathan Toews, avec qui il a défendu les couleurs du Canada lors des Jeux olympiques de Sotchi, et James Neal se sont inquiétés de son état de santé. Pour le défenseur du Canadien, ces marques d'attention viennent prouver qu'il a su acquérir le respect de ses adversaires. Ce qui était loin de lui être acquis à son entrée dans la LNH.

Bien que la blessure ne soit pas aussi grave qu'on le craignait au départ, P.K. rate les 14 dernières rencontres du calendrier. C'est la première fois depuis le début de sa carrière avec le Canadien qu'il doit s'absenter en raison d'une blessure. Jusqu'à cette malchance, il détenait le titre d'homme de fer de l'équipe avec une participation à 274 matchs consécutifs, 308 si on inclut les rencontres de séries éliminatoires.

Affecté par un nombre important de blessures, le Canadien termine la saison au 13e rang de l'Association de l'Est et rate les séries pour la première fois depuis le printemps 2012. En raison de tous ces éclopés, un impressionnant total de 46 joueurs (25 attaquants, 15 défenseurs et 6 gardiens de but) ont porté l'uniforme bleu-blanc-rouge lors de cette saison. Lorsqu'on sait qu'une équipe de la LNH compte habituellement 23 joueurs, on constate la gravité de la situation qui a frappé le Tricolore. Pour remplacer les joueurs qui se trouvaient à l'infirmerie, le Canadien a dû faire appel à 19 joueurs de son équipe-école, les IceCaps de St. John's. Du jamais vu.

Chez les partisans du Canadien, on s'encourage en disant que cette saison de misère aura au moins permis à l'équipe d'obtenir un bon joueur d'avenir lors du repêchage suivant.

***

La saison de hockey bat son plein pour Youssef, et les séries éliminatoires approchent à grands pas. Puisque ce tournoi aura lieu dans une autre ville, ses coéquipiers et lui doivent prévoir une façon de récolter de l'argent pour payer le transport et l'hébergement.

Lorsque Youssef se présente au bureau d'Éloi pour lui demander des suggestions, celui-ci lui propose une idée géniale.

« Vous devriez vous présenter devant le Centre Bell avec votre chandail de hockey sur le dos et des chaudières pour ramasser des sous. Les soirs de match, il y a plus de 20 000 personnes qui se promènent dans ce coin-là. Vous devriez pouvoir amasser une bonne somme d'argent. »

« Wow ! Super idée », répond Youssef.

17

L'HOMME AU GRAND CŒUR

Au terme de la saison 2013-2014, les performances de P.K. ont convaincu Marc Bergevin, le directeur général de l'équipe, de lui accorder un contrat de huit saisons d'une valeur totale de 72 millions de dollars. À ce moment-là, il s'agissait du contrat le plus généreux de la longue histoire du Canadien. Cette entente fait alors également de lui le défenseur le mieux payé de toute la Ligue nationale de hockey. De nature généreuse, P.K. s'est assuré d'en faire bénéficier d'autres personnes.

Son geste le plus symbolique est sans contredit son engagement de 10 millions de dollars, sur sept ans, auprès de la Fondation de l'Hôpital de Montréal pour enfants.

Depuis ce jour, une grande salle située à l'intérieur de l'hôpital porte le nom du défenseur. Il

s'agit de l'Atrium P.K. Subban. C'est cette salle que P.K. a transformée en gigantesque royaume du bonhomme hiver pour venir célébrer Noël 2015 avec 50 jeunes patients et leur famille.

« Un jour, je ne serai plus un joueur de hockey. De quelle façon voudrai-je que les gens se souviennent de moi ? Eh bien, en entrant dans cet hôpital, vous comprendrez ce que je représente. »

Évidemment, la nouvelle de cet impressionnant don a fait le tour de l'Amérique du Nord. Que ce soit par la télé, la radio, les journaux ou Internet, tout le monde en a entendu parler. Mais P.K. s'empresse toujours de répéter qu'il n'a pas pris ce généreux engagement pour faire du tape-à-l'œil. S'il l'a fait, c'est qu'il en ressentait le besoin.

« Je voulais poser un geste significatif et faire une différence dans la vie. J'ai toujours été touché par les enfants et les parents qui traversent ces épreuves difficiles. Un jour, j'espère avoir des enfants. Ils auront sans doute besoin d'aller à l'hôpital à un moment ou à un autre de leur vie. »

Même s'il n'a pas offert cette gigantesque somme d'argent pour s'attirer la sympathie du public, ce geste, et les visites qui suivent, lui valent la reconnaissance de l'organisation. Dans les dernières semaines de la saison 2015-2016, le Canadien lui remet le trophée Jean-Béliveau, un honneur visant à récompenser un joueur de l'équipe pour sa contribution auprès de la communauté.

C'est à madame Béliveau elle-même que revient le plaisir de remettre le trophée à P.K.

— Mon père et ma mère sont tellement excités que je remporte ce trophée, chuchote P.K. en se penchant vers madame Béliveau pour lui donner deux becs sur les joues.

— P.K. Je suis tellement contente que ce soit toi qui le gagnes.

Alors que P.K. retourne rejoindre ses coéquipiers, madame Béliveau pense :

« Je connais quelqu'un qui est très fier de toi aujourd'hui. Il te regarde de là-haut. »

Drôle de coïncidence, l'événement a lieu dans les minutes précédant le match du 10 mars, celui-là même où P.K. subira sa blessure au cou.

Si ce geste fut sans doute le plus éclatant, il était loin d'être la première preuve de la générosité de

P.K. Conscient que son statut lui ouvre plusieurs portes, P.K. s'est toujours fait un devoir d'en faire profiter ceux que la vie a moins choyés.

Sur ce plan, il a de qui tenir. Autrefois directeur d'une école située dans un milieu défavorisé de Toronto, son père, Karl, a, à sa façon, aidé des jeunes à surmonter certaines difficultés de la vie.

Le voyage de P.K. à Haïti, un an après l'important tremblement de terre qui a pratiquement tout détruit dans ce pays en 2010, a également eu une grande influence sur son désir d'aider les autres.

En se rendant dans ce pays situé dans la mer des Caraïbes, près du lieu d'origine de ses parents, P.K. a pu participer à la campagne de financement de l'organisme Hockey pour Haïti. Grâce au 1,3 million de dollars recueilli, il a été possible de bâtir un hôpital pour remplacer temporairement celui qui avait été détruit.

À plus petite échelle, il a mis sur pied, en compagnie de son père et de ses frères, la campagne *Hyundai Hockey Helper* pour aider plus de 1000 familles à travers le Canada à payer les coûts de l'inscription et de l'équipement de hockey.

« Mes parents ont tout sacrifié. Je sais qu'ils n'ont pas toujours eu l'argent suffisant pour nous faire jouer au hockey, mes frères et moi. Je suis certain que, par moments, mes parents ont eu de la difficulté à payer les comptes et l'hypothèque, même s'ils ont trouvé un moyen de le faire », se souvient P.K. lorsque vient le temps d'expliquer les raisons d'un pareil engagement.

En raison de son style et de son exubérance, nombreux sont ceux qui critiquent P.K. Subban. On peut, sans se tromper, dire qu'il ne laisse personne indifférent. Mais derrière cet athlète flamboyant se cache un homme au grand cœur et aux valeurs solides.

18

AU REVOIR P.K.

On a beau avoir le cœur à la bonne place et les meilleures intentions du monde, il est impossible de faire l'unanimité et de plaire à tout le monde. Surtout lorsqu'on a une personnalité flamboyante comme P.K. et qu'on travaille dans un milieu, comme le hockey, où il est mal vu de sortir de l'ordinaire.

Devenu trop dérangeant aux yeux de certains de ses coéquipiers et ayant de la difficulté à s'entendre avec son entraîneur, P.K. Subban est échangé aux Predators de Nashville, le 29 juin 2016. En retour, le Canadien obtient le défenseur Shea Weber, celui-là même qui avait été le coéquipier de P.K. aux Jeux olympiques de Sotchi.

Cette transaction vient mettre un terme à des rumeurs qui se faisaient de plus en plus persistantes. Selon ces rumeurs, Marc Bergevin cherchait à se départir de son joueur-vedette, l'athlète le plus en vue à Montréal avec Carey Price. Pourtant, P.K. est l'un de ceux qui permettaient au Tricolore de remplir les coffres de l'équipe grâce à la vente de nombreux produits dérivés, comme des chandails, des figurines et des peluches à son image.

Ces mêmes rumeurs sont nées le 11 avril précédent, lors du bilan de fin de saison de l'équipe au cours duquel Bergevin avait soutenu qu'il n'y avait aucun joueur à l'abri d'une transaction au sein de son équipe.

«Il n'y a pas d'intouchable. Wayne Gretzky a été échangé, alors qu'il était au sommet», avait-il indiqué pour ajouter du poids à sa déclaration. Une affirmation qui n'avait rien fait pour apaiser les ouï-dire.

Après une certaine période d'accalmie, les rumeurs avaient refait surface quelques jours avant le repêchage des joueurs amateurs, prévu à Buffalo, les 24 et 25 juin. Dans un chic hôtel de cette ville de l'État de New York, le directeur général du Canadien y était allé d'une autre déclaration étrange concernant le défenseur.

« Je n'ai jamais magasiné P.K. et je ne le fais pas. Mais je ne peux pas empêcher les autres équipes d'appeler », avait-il laissé tomber.

Parmi les équipes qui semblent alors les plus entreprenantes, on retrouve les Oilers d'Edmonton. À ce moment-là, on dit que Peter Chiarelli, le directeur général de la formation albertaine, serait prêt à offrir quelques jeunes joueurs de talent pour mettre la main sur un défenseur droitier de premier plan, comme l'est P.K. Jim Benning, des Canucks, en est un autre qui est grandement intéressé par la vedette du Canadien. Cependant, tout en l'admettant publiquement, Benning soutient que Bergevin se montre beaucoup trop gourmand dans ce qu'il exige en retour.

Cinq jours après le repêchage, alors que tout le monde semble de plus en plus persuadé que P.K. portera l'uniforme du Canadien jusqu'à la fin de son contrat, la nouvelle de la transaction avec les Predators tombe en milieu d'après-midi. Une nouvelle qui a l'effet d'une bombe aux quatre coins de la LNH.

Conscient qu'il vient de mettre la main sur une perle rare, David Poile, le directeur général des Predators, n'hésite pas à faire son éloge.

« Je suis un directeur général, mais un jour, j'aimerais devenir un partisan. Et lorsque ce jour viendra, P.K. est le genre de joueur pour lequel je serais prêt à acheter des billets. Il est excitant à regarder. Il accomplit quelque chose à tous les matchs. Il se présente tous les soirs. C'est un joueur dynamique. »

Pendant ce temps, au Québec, les tribunes téléphoniques sont inondées d'appels et les médias sociaux sont enflammés. Plusieurs partisans du Canadien sont furieux. Certains vont même jusqu'à dire qu'ils ne remettront plus jamais les pieds au Centre Bell. D'autres assurent qu'ils encourageront une autre équipe de la LNH.

P.K. qui se trouve à Paris au moment de l'annonce de la transaction n'échappe pas à ce tourbillon. Tout en confirmant qu'il poursuivra son œuvre auprès de la Fondation de l'Hôpital de Montréal pour enfants, P.K. se permet une petite flèche à l'endroit du Canadien en s'entretenant avec les médias de Nashville qui souhaitent recueillir ses premiers commentaires.

« Je me suis toujours senti désiré par les partisans du Canadien et la communauté montréalaise. Mais, aujourd'hui, je me joins à une équipe qui veut de moi. Je suis heureux de me retrouver dans un environnement où je pourrai exceller et être en paix avec moi-même tous les jours en me présentant à l'aréna. »

Même s'il est assurément triste de quitter le Canadien, l'équipe qu'il chérissait depuis sa tendre enfance, celle que son père lui a appris à aimer,

P.K. quitte vers Nashville le cœur joyeux. Car dans la capitale du *country*, il pourra effectivement être celui qu'il a toujours voulu être sans essuyer les critiques ou être la cible de regards accusateurs. Chez les Predators, une équipe toujours à la recherche de nouveaux partisans, cette exubérance et cette flamboyance seront des atouts de taille pour faire exploser la popularité de l'équipe.

ÉPILOGUE

L'idée d'Éloi s'est avérée juste. Youssef et ses coéquipiers ont récolté suffisamment d'argent pour couvrir les frais de leurs séries éliminatoires. Malheureusement, leur équipe ne s'est pas rendue très loin dans les séries. Après avoir pris la quatrième position sur cinq formations au cours de la saison, elle n'a pas été en mesure de passer le premier tour des séries éliminatoires. Le jeune garçon ne s'en formalise pas trop.

S'inspirant de sa nouvelle idole, Youssef a travaillé fort tout l'hiver pour devenir meilleur et aider son équipe du mieux qu'il le pouvait. Même si ça n'a pas toujours été facile et qu'il a parfois commis des erreurs qui ont coûté des buts à son équipe, Youssef, comme P.K., n'a jamais baissé les bras.

Son travail a été récompensé. Au cours de l'été, lors de la fête célébrant la fin de cette saison, Youssef n'a pas gagné le trophée du meilleur défenseur, comme l'a fait P.K., mais il a tout de même mis la main sur celui récompensant le joueur s'étant le plus amélioré.

Encore mieux, 12 jeunes garçons et filles de son âge sont devenus ses amis... comme le lui avait prédit son professeur d'éducation physique.

CHRONOLOGIE

1970

Karl Subban, ses trois frères et ses parents quittent la Jamaïque pour immigrer à Sudbury, en Ontario. La même année, la famille de Maria Subban quitte l'île de Montserrat pour s'installer à Hamilton, également en Ontario.

12 mai 1970 — Le Comité international olympique confie à Montréal l'organisation des Jeux olympiques de 1976.

1971 — Grâce à la recrue Ken Dryden devant le filet, le Canadien remporte, le 18 mai, sa 17e coupe Stanley en venant à bout des Blackhawks de Chicago dans le septième et ultime match de la finale. Dryden est nommé « joueur le plus utile des séries éliminatoires ». Moins d'un mois plus tard, Jean Béliveau annonce sa retraite et met un terme à une carrière de 18 saisons.

1981

Karl Subban et Maria Subban se marient.

1981 — Gilles Villeneuve remporte les Grands Prix de Monaco et d'Espagne. Il s'agira de ses deux dernières victoires en Formule 1.

1981 — Les Expos de Montréal participent à la seule série de championnats de leur histoire. Le 19 octobre, ils subissent l'élimination devant les Dodgers de Los Angeles, lors du match ultime. Une défaite crève-cœur connue sous le nom de Blue Monday.

1989

Le 13 mai, Pernell Karl Subban voit le jour à l'Hôpital Mount Sinaï de Toronto.

1989 — Le lendemain, les Flames de Calgary remportent la coupe Stanley sur la glace du Forum de Montréal. C'est la seule équipe, autre que le Canadien, à avoir soulevé le précieux trophée à l'intérieur de cet édifice légendaire.

1989	Le 14 juillet, Guy Lafleur signe un contrat avec les Nordiques de Québec. Il disputera deux saisons avec les Nordiques avant d'accrocher définitivement ses patins.
1991	*À deux ans et demi, P.K. donne ses premiers coups de patin.*
1991	Le 16 janvier, les États-Unis déclarent la guerre à l'Irak en réponse à l'invasion du Koweït par les troupes de Saddam Hussein. Le Canada se joint à l'offensive dès le lendemain. La guerre du Golfe ne durera qu'un mois avant que l'Irak capitule.
1991	Le 3 mars, Céline Dion remporte le titre de « Chanteuse de l'année » au Canada lors de la remise des prix Juno.
1993	Le 9 juin, le Canadien remporte sa 24e coupe Stanley en défaisant les Kings de Los Angeles au compte de 4 à 1 lors du cinquième match de la finale.
1993	*Le père de P.K. inscrit son fils pour la première fois, à l'âge de quatre ans, dans une ligue de hockey organisée.*
2005	*Le 6 mai, P.K. est sélectionné par les Bulls de Belleville, de la Ligue de hockey junior de l'Ontario, en sixième ronde.*
2005	Du 16 au 31 juillet, Montréal accueille les Championnats mondiaux aquatiques. Alexandre Despatie s'illustre en remportant deux médailles d'or en plongeon.
2007	*Le 23 juin, au Nationwide Arena de Columbus, le Canadien repêche P.K. Subban au deuxième tour.*

2007   Le 26 mars, le Parti libéral du Québec remporte les élections. Cependant, il devra former un gouvernement minoritaire, le premier au Québec depuis 1878.

2008

Le 5 janvier, P.K. et le Canada remportent la médaille d'or du Championnat mondial junior disputé à Pardubice, en République tchèque.

2008   Le 3 juillet, la ville de Québec célèbre le 400e anniversaire de sa fondation par Samuel de Champlain.

2009

Devant une foule record réunie à la Place Banque Scotia d'Ottawa, le 5 janvier, P.K. Subban aide le Canada à remporter, une fois de plus, le Championnat mondial de hockey junior.

2008-2009

À sa première saison chez les professionnels, P.K. Subban établit trois records d'équipe pour un défenseur des Bulldogs d'Hamilton. Ceux pour le plus grand nombre de buts (18), le plus grand nombre de buts en supériorité numérique (11) et le plus grand nombre de points (53).

2009   Le 4 décembre, le Canadien célèbre le 100e anniversaire de sa création en renversant les Bruins de Boston au compte de 5 à 1 au Centre Bell.

2010

Le 12 février, P.K. joue son premier match dans la LNH. Lors de cette rencontre disputée à Philadelphie, il inscrit son premier point dans l'uniforme du Canadien.

2010   En février, Vancouver accueille les XXIe Jeux olympiques d'hiver. Le Canada domine le classement des médailles grâce à ses 14 médailles d'or.

2011   *Le 29 janvier, P.K. est invité, en tant que joueur recrue, à prendre part au concours d'habiletés du week-end des étoiles, tenu en Caroline.*

2011   Le 13 février, l'album *The Suburbs,* du groupe rock montréalais Arcade Fire, remporte le titre de l'album de l'année aux prestigieux Grammy Awards.

2011   *Le 20 mars, lors d'un match face au Wild du Minnesota, P.K. Subban devient le premier défenseur recrue de l'histoire du Canadien à inscrire un tour du chapeau.*

2011   *P.K. est nommé dans l'équipe d'étoiles des recrues de la LNH.*

2012   Le 4 septembre, Pauline Marois devient la première femme élue au poste de premier ministre du Québec.

2013   *Après des négociations qui lui ont fait rater les six premiers matchs de la saison, P.K. signe un contrat de deux saisons. Il revient au jeu le 2 février.*

2013   *P.K. est nommé dans la première équipe d'étoiles de la LNH.*

2013   *Le 15 juin, P.K. devient le premier défenseur du Canadien en 24 ans à remporter le trophée Norris, remis au meilleur défenseur de la LNH.*

2014   *Le 23 février, P.K. remporte la médaille d'or avec le Canada aux Jeux olympiques de Sotchi. Huitième défenseur de l'équipe, il n'a cependant joué qu'un seul match.*

2014   *Le 2 août, P.K. signe le contrat le plus lucratif de l'histoire du Canadien. Une entente de huit ans, d'une valeur de 72 millions de dollars.*

2015   Le 21 janvier, le quart Anthony Calvillo annonce sa retraite après 20 saisons dans la Ligue canadienne de football, dont 16 avec les Alouettes de Montréal. Il quitte la compétition en tant que meneur de tout le football professionnel avec 79 816 verges acquises par la passe. Il détient également le record pour le plus grand nombre de passes complétées (5892) dans la LCF et le plus grand nombre de passes de touché (455).

2015   Le 3 avril, Marie de l'Incarnation, fondatrice du couvent des Ursulines de Québec, et François de Montmorency-Laval, premier évêque de Québec, sont canonisés par le pape François.

2015   *Pour la deuxième fois en trois ans, P.K. voit son nom apparaître dans la première équipe d'étoiles de la LNH.*

2015   Le 5 juillet, Eugénie Bouchard devient la première Canadienne à atteindre la finale du tournoi de tennis de Wimbledon. Cependant, elle doit s'avouer vaincue devant la Tchèque Petra Kvitova.

2016   *À la toute fin de janvier, à Nashville, P.K. participe à son premier week-end des étoiles en tant que joueur régulier de la LNH.*

2016   *Le 29 juin, P.K. Subban est échangé aux Predators de Nashville en retour du défenseur Shea Weber.*

STATISTIQUES

SAISON RÉGULIÈRE

Saison	Équipe	Matchs	Buts	Passes	Points
2004-2005	MARKHAM (GTHL)	67	15	28	43
2005-2006	BELLEVILLE (LHO)	52	5	7	12
2006-2007	BELLEVILLE (LHO)	68	15	41	56
2007-2008	BELLEVILLE (LHO)	58	8	38	46
2008-2009	BELLEVILLE (LHO)	56	14	62	76
2009-2010	HAMILTON (LAH)	77	18	35	53
2009-2010	MONTRÉAL (LNH)	2	0	2	2
2010-2011	MONTRÉAL (LNH)	77	14	24	38
2011-2012	MONTRÉAL (LNH)	81	7	29	36
2012-2013	MONTRÉAL (LNH)	42	11	27	38
2013-2014	MONTRÉAL (LNH)	82	10	43	53
2014-2015	MONTRÉAL (LNH)	82	15	45	60
2015-2016	MONTRÉAL (LNH)	68	6	45	51

SÉRIES ÉLIMINATOIRES

Saison	Équipe	Matchs	Buts	Passes	Points
2005-2006	BELLEVILLE (LHO)	3	0	0	0
2006-2007	BELLEVILLE (LHO)	15	5	8	13
2007-2008	BELLEVILLE (LHO)	21	8	15	23
2008-2009	BELLEVILLE (LHO)	17	3	12	15
2009-2010	HAMILTON (LAH)	7	3	7	10
2009-2010	MONTRÉAL (LNH)	14	1	7	8
2010-2011	MONTRÉAL (LNH)	7	2	2	4
2012-2013	MONTRÉAL (LNH)	5	2	2	4
2013-2014	MONTRÉAL (LNH)	17	5	9	14
2014-2015	MONTRÉAL (LNH)	12	1	7	8

TOURNOIS INTERNATIONAUX

Saison	Équipe	Matchs	Buts	Passes	Points
2007-2008	CANADA (CMJ)	7	0	0	0
2008-2009	CANADA (CMJ)	6	3	6	9
2012-2013	CANADA (CHM)	1	0	0	0
2013-2014	CANADA (JO)	1	0	0	0

GTHL : Ligue de hockey du grand Toronto
LHO : Ligue de hockey junior de l'Ontario
LAH : Ligue américaine de hockey
LNH : Ligue nationale de hockey
CMJ : Championnat mondial de hockey junior
CHM : Championnat du monde
JO : Jeux olympiques

BIBLIOGRAPHIE

ARTICLES CONSULTÉS

ANONYME. « Olympic coach Babcock says Habs' Subban must be "trustworthy" on defence », 2013, [En ligne]. [https://www.nhl.com/news/olympic-coach-babcock-says-habs-subban-must-be-trustworthy-on-defence/c-693097]

BÉGIN, Jean-François. « P.K. Subban : le CH dans le sang », 2010, [En ligne]. [http://www.lapresse.ca/sports/hockey/201005/07/01-4278463-pk-subban-le-ch-dans-le-sang.php]

COWAN, Stu. « P.K. Subban told Élise Béliveau "Don't worry. I'm OK" », 2016, [En ligne]. [http://montrealgazette.com/sports/hockey/nhl/montreal-canadiens/stu-cowan-p-k-subban-told-elise-beliveau-dont-worry-im-ok]

DE FOY, Marc. « Dossier Subban : Martin lance un appel au calme », 2016, [En ligne]. [http://exruefrontenac.com/sports/canadiens/31491-subban-martin-canadien-calme]

DE FOY, Marc. « Un Muhammad Ali sur patins », 2007, [En ligne]. [http://fr.canoe.ca/cgi-bin/imprimer.cgi?id=302251]

DUROCHER, Pierre. « J'ai toujours eu un faible pour P.K. Subban », 2015, [En ligne]. [http://www.journaldemontreal.com/2015/04/18/jai-toujours-eu-un-faible-pour-pk-subban---elise-beliveau]

FARBER, Michael. « You can't stay angry at P.K. Subban », 2014, [En ligne]. [http://www.si.com/vault/2014/11/24/106672559/you-cant-stay-angry-at-pk-subban]

FOX, Luke. « P.K. : "It was the most special day of my life" », 2012, [En ligne]. [http://www.sportsnet.ca/hockey/nhl/pk-subban-hockey-helpers-montreal-canadiens-malcolm-jordan/]

HAGUE, Matthew. « Can this family produce three NHL stars ? The unlikely rise of Team Subban », 2013, [En ligne]. [http://torontolife.com/city/team-p-k-subban-unlikely-rise/]

MERCIER, Noémie. « Bienvenue chez les Subban », *L'Actualité,* Les nouveaux dieux de la LNH, 2016, p. 16 à 18.

PROUDFOOT, Shannon. « P.K. Subban sauveur de la LNH ? », *L'Actualité,* Les nouveaux dieux de la LNH, 2016, p. 8 à 13.

WHARNSBY, Tom. « Living the Canadian dream », 2007, [En ligne]. [http://www.theglobeandmail.com/sports/living-the-canadian-dream/article700445/?page=all]

LES COLLABORATEURS

La vie de **Jonathan Bernier** a toujours eu le hockey comme point central. À l'école primaire et secondaire, tous ses travaux scolaires portent sur ce seul et unique sujet. Après un parcours qui l'a mené jusqu'aux portes de la Ligue de hockey junior majeure du Québec, il choisit de sauter la clôture et de passer du côté des « méchants » journalistes. Ayant pour objectif de couvrir un jour les activités du Canadien de Montréal, il s'inscrit en Art et technologie des médias au cégep de Jonquière. Au printemps 2010, une décennie après sa sortie des bancs d'école, il réalise son rêve. D'abord pour le compte de *RueFrontenac.com,* puis pour celui du *Journal de Montréal.*

Depuis la maternelle, **Josée Tellier** a toujours été passionnée par l'illustration ! Très tôt, elle savait qu'elle gagnerait sa vie dans ce domaine. Avec son rêve en tête, elle s'exerçait à dessiner tous les jours, ce qui lui vaudra plusieurs prix dans divers concours régionaux. Cet intérêt prononcé pour les arts l'amènera à poursuivre ses études en graphisme. Au fil des ans, des projets variés s'ajouteront à son portfolio, dont des collections de mode pour les jeunes, des expositions et plusieurs couvertures de romans jeunesse, dont celles de la populaire série *Le journal d'Aurélie Laflamme* d'India Desjardins.

TABLE DES MATIÈRES

DANS LA MÊME COLLECTION.

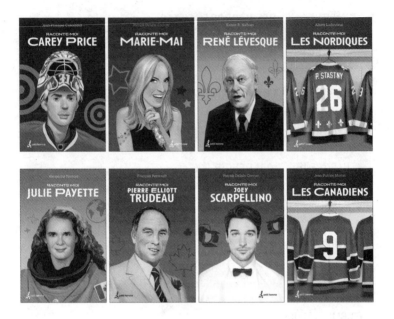